本书受到国家自然科学基金面上项目（批准号：72073056）、首都经济贸易大学
北京市属高校基本科研业务费专项资金（批准号：XRZ2021057）资助

人才配置与制造业企业全要素生产率

事实、经验与政策

王启超 ◎ 著

中国财经出版传媒集团

经济科学出版社

Economic Science Press

图书在版编目（CIP）数据

人才配置与制造业企业全要素生产率：事实、经验
与政策/王启超著 . -- 北京：经济科学出版社，
2022.1

ISBN 978 - 7 - 5218 - 3421 - 5

Ⅰ.①人… Ⅱ.①王… Ⅲ.①人才 - 资源分配 - 影响
- 制造工业 - 工业企业管理 - 全要素生产率 - 研究 - 中国
Ⅳ.①F426.4

中国版本图书馆 CIP 数据核字（2022）第 021479 号

责任编辑：孙丽丽　撖晓宇
责任校对：李　建
责任印制：范　艳

人才配置与制造业企业全要素生产率：事实、经验与政策
王启超　著
经济科学出版社出版、发行　新华书店经销
社址：北京市海淀区阜成路甲 28 号　邮编：100142
编辑部电话：010 - 88191348　发行部电话：010 - 88191522
网址：www. esp. com. cn
电子邮箱：esp@ esp. com. cn
天猫网店：经济科学出版社旗舰店
网址：http://jjkxcbs. tmall. com
北京密兴印刷有限公司印装
710×1000　16 开　9.5 印张　150000 字
2022 年 3 月第 1 版　2022 年 3 月第 1 次印刷
ISBN 978 - 7 - 5218 - 3421 - 5　定价：40.00 元
（图书出现印装问题，本社负责调换。电话：010 - 88191510）
（版权所有　侵权必究　打击盗版　举报热线：010 - 88191661
QQ：2242791300　营销中心电话：010 - 88191537
电子邮箱：dbts@ esp. com. cn）

目　　录

第1章 导 论

1.1 问题的提出及研究意义

1.1.1 问题的提出

从改革开放到 2018 年，中国经济已经连续 39 年保持年均增速 9.5%（蔡昉等，2018），这一增长速度使得中国经济总量大约每 7~8 年就可以实现翻番。中国经济建设取得了令世界瞩目的巨大成就，这很大程度上得益于工业，特别是制造业的发展（李金华，2019）。在看到成绩的同时，我们更应该清醒地认识到，要素投入不可能长久地拉动经济增长，经济增长将更加依赖全要素生产率驱动（蔡昉，2013；程惠芳、陈超，2017；蔡跃洲、付一夫，2017）。特别是对于进入高质量增长新阶段的中国经济而言，生产率不是一切，但长期来看生产率近似一切。然而现实表明，中国的全要素生产率增速远远落后于经济增速，即便是在考虑人力资本的情况下 1978~2007 年全要素生产率平均增速只有 3.90%，2008~2013 年全要素生产率平均增速进一步下降到 1.80%（白重恩、张琼，2015）；余泳泽（2017）发现 1978~2012 年中国全要素生产率年均增长 2.391%；而即使是在普遍被认为经济增长较好的广东省，全要素生产率年均增速也只有 4.06%（王兵、王启超，2019）。

在此背景下，党的十九大报告做出了中国经济已经由高速增长阶段转向高质量发展阶段的重大判断，并且明确提出了提升全要素生产率的要求。人力资本被广泛认为是影响全要素生产率的核心要素之一，特别是具有创新能力的人才资源。《中国人才资源统计报告》显示，2012年人才资源对中国经济增长的贡献率是29.8%，《国家中长期人才发展规划纲要（2010~2020年)》提出，到2020年人才资源对中国经济增长贡献率将达到35%。事实上，中国自1999年开始通过普及高等教育的方式积累了丰富的人才资源，《中国教育统计年鉴》数据显示，2016年中国本科及以上毕业生人数已经达到760.57万人。

　　然而糟糕的是，具备一定规模的人力资本在实体经济和虚拟经济的分布可能早已失衡，主要体现在实体部门人才流失。从存量角度看，2015年全国1%人口抽样调查资料表明，中国制造就业人口平均受教育年限是10.03年，以受中等教育为主体，其中，初中学历的员工、高中学历的员工分别占52.42%、15.62%，而金融业就业人口平均受教育年限是14.27年，超过50%的就业人口接受过高等教育，其中，专科学历、大学本科学历、研究生学历的员工分别占行业总人口的29.85%、35.42%、4.37%。此外，从流量角度看，每年新增人力资本主要沉淀到以金融部门为代表的虚拟经济行业，具体表现在，大量接受过高等教育的高人力资本群体到金融业就业，而从事实体生产创新活动的就业人口比重相对较低。以2015年为例，全国高校毕业生从事金融业和制造业的比重分别是15.2%和10.4%，并且选择金融业的比例呈现进一步上升趋势，而选择制造业的比例表现出下降趋势（李飚、孟大虎，2019)。因此，我们有理由担心，中国的人才配置是不是过度偏向了金融业？更重要的是，人才配置过度偏向金融业会不会阻碍中国经济实现高质量增长的目标？

1.1.2　研究意义

　　综上所述，当前中国经济正处在提升全要素生产率转向高质量增长新阶段的关键时期，但是面临着实体部门人才流失的残酷现实，人力资本在实体部门和非实体部门间可能存在严重错配。《中国制造2025》规划目标的时间节点越来越近，中央政府对实体经济寄予厚望。因此，在这一背景下，考察人才配置对全要素生产率的影响，具有较强的现实意义。

　　本书研究的核心问题是人才配置对实体经济（特别是制造业）全要素生产率的影响。内生增长理论认为，人力资本是经济增长最重要的因素（林琳，2009）。为数众多的文献致力于讨论政府—企业人才配置对经济增长的影响，但是当前中国经济发生了深刻的变化，创新型生产要素特别是人才配置表现出一定程度"脱实向虚"倾向，理论研究对现实中的新问题还没有展开严谨的分析。本书可以进一步拓展和丰富政治经济学、发展经济学的研究内容。

1.2　研究问题及思路

　　针对当前中国人才配置偏向以金融业为代表的虚拟部门这一现象，学者们已经开始关注，但是还没有展开严谨的经验分析。学者们都认可，影响人才配置的因素不是单一的，最直接的因素是劳动报酬，而影响劳动报酬的因素除了劳动力市场供给和需求外，还包括许多非常复杂的因素。出于这一考虑，本书不打算对影响实体部门人才流失的事前因素做过多的探讨，而是重点讨论人才配置对制造业企业全要素生产率的事后影响，并且量化人才配置引起的生产率损失。这种处理方式并不表明事前因素不重要，只是关注的焦点不同。

　　有研究发现，如果一个国家的工程师就业比例较高，经济增长往往较快；而如果一个国家的律师就业比例较高，经济增长通常会比较慢（Murphy et al.，1991；Ebeke et al.，2015）。因此，人力资本职业选择与经济增长紧密相关。具体到中国情景来看，全国人口普查数据显示，2000 年、2005 年、2010 年、2015 年制造业就业人口平均受教育年限分别是 9.60 年、9.36 年、9.77 年、10.03 年，初中学历人员占比分别是 55.56%、55.83%、56.26%、52.42%，受过高等教育的人口占比分别是 5.81%、6.38%、9.82%、12.07%。因此，我们有理由担心，在以初中学历为主要就业人口的制造业，《中国制造 2025》战略目标究竟能不能顺利实现？中国经济特别是实体经济转向全要素生产率驱动的目标能不能顺利实现？

此外，制造业人才配置不足的后果可能会导致巨大的科技资源浪费，原因在于人力资本与科技研发投入在生产过程中的互补性。根据历年全国科技经费投入统计公报，中国每年数万亿元的科技经费大约有 60% 以上投入到制造业，并且研发（R&D）经费的规模呈现持续增大的趋势，但是具备研发创新能力的人力资本却没有流向制造业。尽管制造业研发经费投入持续增大，但是由于人力资本积累不足，根据人力资本与研发投入在生产过程中的互补性，单纯依靠增加研发资金投入，而人才配置没有得到改善，全要素生产率的增长效应很可能不显著。

我们将人才配置区分为两种类型，第一种类型的人才配置的是受过良好教育的劳动力在进行个体职业选择时所表现出的"金融热"倾向对制造业全要素生产率的影响。第二种类型的人才配置同时考虑了狭义的企业家以及熊彼特框架下的企业家活动，凡是从事生产创新活动都属于企业家活动，企业家活动非生产性配置会放大全要素生产率损失。具体而言，本书尝试回答以下三个关键问题。

问题 1，考虑第一种类型的人才配置，中国当下的人才配置是否已经过度配置到金融业？当前阶段金融业—制造业人才配置对制造业全要素生产率是正向影响还是负向影响，是线性关系还是非线性关系？以及这种影响在高技术制造业、先进制造业和传统制造业有什么差异？

对于问题 1，需要说明的是，我们使用的是中国工业企业数据库和 2000～2015 年历次人口普查。其中，中国工业企业数据库只到 2013 年，数据确实相对陈旧。事实上，最新发表的论文仍然在使用 2013 年之前的中国工业企业数据库（比如赵奎、后青松和李巍（2021）发表于《经济研究》的论文）；人口数据最新可以到 2020 年人口普查，但国家统计局尚未提供获取方式，因此最新的人口数据其实是到 2015 年。近期发表的论文仍然在使用 2005 年人口普查数据（比如李世刚等 2021 年发表于《经济学（季刊）》的论文）。本书是对经济学一般规律的讨论，实证部分做了一系列稳健性检验，因此，研究结论是稳健的，不会因为数据样本期间变化就得到完全不一样的结论。

问题 2，考虑第二种类型的人才配置，在经济创新转型过程中发挥核心推动力作用的企业家活动，由于企业家活动既可能配置到生产创新领域也可能配置到非生产创新领域，因此对人力资本产生再配置效应，在这一前提下，企业家活动配置与全要素生产率的关系是什么？特别是企业家活动非生产性配置对全要素生产率的影响。

问题 1 和问题 2 是两个紧密联系的经验问题，需要利用数据开展实证研究。对于问题 1，我们将使用国家统计局—清华大学数据开发中心提供的人口普查和 1% 人口抽样调查数据中个体就业的行业信息和受教育信息来度量地级市层面人才配置，然后将人才配置数据与企业数据匹配起来，在此基础上，考察金融业—制造业间人才配置对制造业全要素生产率的影响。对于问题 2，我们使用制造业上市公司数据，从资金的角度采用企业家活动的非生产性配置作为核心解释变量，以上市公司全要素生产率作为被解释变量，然后进行回归。由于本书的结论具有一定的探索性，为了保证结果具有稳健性，我们将使用一定篇幅进行一系列检验。

研究了人才配置对全要素生产率的影响之后，本书将焦点转移到政府政策实施效果评估的话题上，为了振兴制造业并且推动实体经济高质量发展，中央政府出台了许多政策，影响比较大的政策是《中国制造 2025》国家战略规划，这一政策在对全部制造业行业进行战略布局的同时又提炼出十大重点领域，我们以此作为一项准自然实验。因此，本书研究的第三个问题如下。

问题 3，《中国制造 2025》十大重点领域政策是否实现"招才引智，振兴制造业"的预期效果？特别是企业全要素生产率是否提升，人才配置是否发挥作用？

1.3　主要内容以及结论

本书的核心变量是人才配置与制造业企业全要素生产率，主要内容将围绕上述三个问题进行理论和实证分析。在这里，我们将分别对这三部分内容进行简要介绍。

1.3.1 金融业—制造业间人才配置与制造业企业全要素生产率

以下是本书第 4 章的主要内容。在这一章，首先通过一个简化的理论模型证明，对于一个致力于提升全要素生产率的转型经济体，人力资本在生产性实体部门和非生产性虚拟部门之间存在最优配置，人才配置偏向虚拟经济的现象体现出高人力资本群体的寻租倾向，会降低生产部门全要素生产率。最重要的结论是，在控制城市和企业变量的前提下，人才配置对全要素生产率具有显著的倒"U"形影响，对于当前的中国经济而言，有限的人才资源过度配置到金融业显著降低了制造业全要素生产率。

具体而言，在一个考虑劳动、资本和人力资本的 Cobb – Douglas 生产函数，求解出全要素生产率的显性表达式，然后一阶导数得到人力资本在金融业—制造业之间最优配置比，以及人才配置对全要素生产率的非线性影响。接下来，使用国家统计局—清华大学数据开发中心提供的人口调查数据和中国工业企业数据库，实证检验人才配置对全要素生产率的影响，实证模型加入了人才配置平方项。回归发现，人才配置与全要素生产率呈现显著的倒"U"形关系，并据此计算金融业—制造业人才配置的拐点是 1.17，这意味着制造业人力资本至少应当达到金融业人力资本的 85.47%。我们还计算得到静态最优条件下，全要素生产率仍然有 2.18% 的增长潜力。我们还对基准结论进行了一系列稳健性检验，比如考虑遗漏变量、反向因果、行业门槛导致核心解释变量测度误差内生性问题，进行安慰剂检验，发现结论稳健。在此基础上，本章将制造业样本区分为高技术制造业、先进制造业和传统制造业，异质性分析表明，传统制造业最早受到人才配置流失的影响，但是影响并不显著，而人才配置对高技术制造业、先进制造业的影响尤其显著。

1.3.2 企业家活动、人才配置与制造业企业全要素生产率损失

以下是本书第 5 章的主要内容。在这一章，首先，理论分析包括两部

分内容：第一部分是梳理中国历史上企业家活动与经济增长的演变关系，目的是说明企业家活动具有历史传承特征，为实证部分使用中华老字号企业作为当前企业家活动配置的工具变量奠定基础；第二部分是构建企业家活动配置—全要素生产率模型，考虑了厂商行为、市场均衡、垄断租金，为实证检验企业家活动配置对制造业企业全要素生产率的影响提供理论基础。

在此基础上，使用上市公司 2007~2018 年非平衡面板数据进行实证检验发现，制造业企业家活动的非生产性配置对全要素生产率产生了显著负向影响，为了排除结论是偶然得到的，进行一系列稳健性测试，比如使用 Olley - Pakes（OP）、Levinsohn - Petrin（LP）方法计算全要素生产率，剔除 2008 年、2009 年金融危机样本，排除竞争性假说，样本选择偏差，使用双向聚类稳健标准误，上述检验结果表明基本结论稳健。

更重要的是，在满足一定条件的时候，企业家活动非生产性配置会放大全要素生产率损失。通过对参数联合校准和数值模拟估计企业家人才误配置导致的生产率损失，实际全要素生产率大致等于潜在全要素生产率的 77.06%，生产率损失占比大约 1/4。

1.3.3 政府政策、人才配置与制造业企业全要素生产率

在这一部分将焦点转向政府政策研究，以下是本书第 6 章的主要内容。在这一章将检验《中国制造 2025》十大重点领域政策对重点企业全要素生产率的影响，并且检验人才配置这一渠道的作用。最重要的发现是，政策对重点企业全要素生产率的正向促进作用主要是统计显著性，经济显著性还存在增长空间，原因之一是人才配置的作用没有被释放出来，本章的研究发现在一定程度佐证了黄群慧（2015）对《中国制造 2025》政策效果的判断。

在具体细节方面，首先梳理《中国制造 2025》十大重点领域的内容，建立理论模型证明，在信息对称且不存在激励问题的条件下，政府和市场都能实现资源最优配置，其次中国家庭收入调查数据（CHIP）表明，现实中行业

间人力资本配置存在扭曲，这与理论预期不一致。基于这些判断，本章分别提出与《中国制造 2025》十大重点领域相关的两点竞争性假说。接下来，使用 2012～2018 年上市公司数据，借助 PSM – DID 方法识别政府政策与人才配置、全要素生产率之间的因果关系，处理组是《中国制造 2025》十大重点领域对应两位数行业的企业，控制组是十大重点领域之外制造业企业，政策实施年份是 2015 年。实证发现，政策交乘项系数是 0.98%，在 1% 水平下显著，重点政策对企业全要素生产率的正向促进作用存在增长空间。通过中介效应模型进行机制检验，使用规模以上企业研发人员数量（对数）衡量两位数行业人才配置，检验发现人才配置既不是完全中介，也不是部分中介，人才配置这一渠道没有产生显著作用，因此政策效果并没有被充分释放出来。

1.4　创　新　之　处

与已有研究相比，本书可能的边际创新如下。

第一，研究选题方面，关注到当前中国人才配置集中到金融业的现象，围绕金融—实体间人才配置对制造业企业全要素生产率的影响作为研究选题并且展开经验研究。

第二，结论方面有新的发现。本书发现，人才配置过度偏向金融业损害了制造业企业全要素生产率，并且这种负向影响在高技术制造业、先进制造业和传统制造业存在显著差异。此外，企业家活动非生产性配置会放大制造业企业全要素生产率损失，这种损失大约相当于潜在生产率的 1/4。

第三，细节方面。考虑到人才配置偏向金融业是内生决定，并且行业垄断租金对能力的回报是递增的。在理论基础部分，在局部意义上对谢长泰和克雷诺（Hsieh and Klenow，2009）模型有所拓展。

1.5　结 构 安 排

全书共有 7 个章节，具体结构如下。

第 1 章是导论。介绍本书的选题背景、研究意义、具体问题和研究思路，并简单介绍文章的主要内容和基本发现。

第 2 章是文献综述。人才配置、全要素生产率、资源配置（资源错配）三个方向文献，并且对已有研究进行述评。

第 3 章是基本事实与理论基础以及方法。中国的基本事实具体包括实体经济的含义、制造业全要素生产率、实体部门人才流失、物质资本与人力资本、行业间垄断程度与报酬结构差异；理论基础包括一个拓展的 Hsieh and Klenow 模型（简称 HK 模型）、人才资源的生产性配置—非生产性配置与国家兴衰，并且提供全要素生产率计算方法，这一章构成后续实证的基础。

第 4 ~ 6 章是实证部分的核心内容，分别对应本书在绪论部分提出的三个问题，章节之间是逐层递进关系。其中，第 4 章和第 5 章分别研究第一种类型人才配置对全要素生产率的影响、第二种类型即企业家活动对全要素生产率的影响，这两章一脉相承，目的是通过理论和实证检验人才配置过度偏向非实体部门引致的全要素生产率损失，并且企业家活动非生产性配置会放大全要素生产率损失。第 6 章评估政府政策，检验《中国制造 2025》十大重点领域政策是否有效提升企业全要素生产率，人才配置是否为政府政策影响全要素生产率的中间作用机制。

第 7 章是结语，提炼研究发现，指出文章的局限性，梳理今后可能的研究方向。

本书的逻辑框架见图 1 - 1。

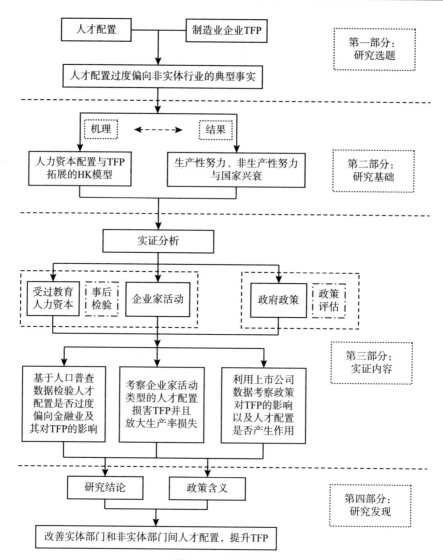

图 1-1　逻辑框架

第 2 章 文 献 综 述

2.1 人 才 配 置

2.1.1 人才配置与经济增长：政府—企业的视角

在经济学理论中，人才资源属于人力资本，有一支文献专门考察人才配置对经济增长的影响。墨菲等（Murphy et al.，1991）是较早开展这方面研究的文献，文章发现，如果一个国家的工程师比例较高，经济增长往往较快；而如果一个国家的律师比例较高，经济增长通常会比较慢，原因在于，人才资源如果进入生产性部门，那么人力资本可以改善生产效率并推动技术创新促进经济增长，但是人才资源如果成为寻租者，由于寻租只是财富再分配，不具有生产性，从而损害经济增长。因此，社会经济发展不仅依赖于人才数量，同时还会受到人才在企业和寻租部门配置的影响，经济增长越快的经济体其人才配置越倾向于研发创新部门。但现实中，在大多数欠发达国家从事寻租活动的收益高于在企业部门获得的收益，人才误配置是造成欠发达国家经济停滞的重要因素。

此后，一大批经济学者致力于探索人才配置与经济增长的关系（Hnatkovska et al.，2012；Strenze，2013；Ebeke et al.，2015；Natkhov and Polishchuk，2019）。谢长泰等（Hsieh et al.，2019）考察了美国 1960～2010 年人才配置与产出增长的关系，结合 Roy 理论模型并基于职业分布变化的数据分析发现，美国消除人种歧视以后，人才配置改善具有显著的产出增长效应，人才配置效率改善对美国经济增长的贡献率大约是 25%。

与其他发展中国家类似，中国也面临人才配置偏向政府部门或者垄断部门的现实。在古代儒家思想提倡学而优则仕，自古以来进入政府部门工作就是社会精英们的理想追求。但是人才配置偏向政府部门会对经济创新转型产生负面影响（赖德胜、纪雯雯，2015；纪雯雯、赖德胜，2018）。越来越多文献致力于讨论人才配置对经济增长的影响，谢冬水、黄少安（2011）从人才配置的角度解释传统中国农业增长停滞的原因，主要发现是社会精英过度流向官僚体系抑制了农业增长所需的人才投入，农业技术和制度没有得到有效发展，因此农业经济停滞不前。李世刚、尹恒（2014）发现，社会精英从事寻租活动会造成社会产出损失，数值模拟结果显示，人才误配置所产生的社会成本大约是潜在产出水平的 10%~20%，而如果所有社会精英都投身到寻租活动，社会总产出将低于潜在产出水平的 1/3，人才资源错配导致的社会成本将是灾难性的。李世刚、尹恒（2017）借助 2005 年中国 1% 人口抽样调查数据考察了人才在企业与政府部门的配置效率如何影响中国经济增长，以政府—企业就业人员平均受教育年限比值衡量人才配置，把人才配置指标作为回归模型的核心解释变量，以城市经济增长作为被解释变量，在控制住一系列控制变量后发现，中国有限的人才资源过度配置在政府部门，损害了经济增长，这一结论在稳健性讨论中依然成立。李静、司深深（2020）基于中国大量人力资本聚集在政府部门的现实，构建政府—企业两部门模型，证明公共管理部门人才膨胀会使得社会人力资本的潜在生产效率无法释放，社会产出较低，不利于消费增长，并且进一步使用中国和经合组织（OECD）国家的数据实证发现，中国的人才配置过度偏向政府部门，政府—企业人力资本错配对社会消费产生了显著负向影响。

此外，人才配置过度偏向政府对中国的产业价值链以及创新能力产生了负面影响。戴翔、刘梦（2018）基于要素质量匹配原理考察中国经济如何释放人才红利，文章以中国制造业为例实证发现，单纯人才因素对中国制造价值链攀升呈献倒"U"形关系，只有在人才与技术和制度匹配时，人才因素对价值链攀升就变为正向的线性趋势，文章建议在引进和培育人才资源的同时，要通过改革制度质量提升要素匹配质量，依靠制度改革改善人才错配。

谭莹、李昕 (2019) 在技术进步内生的一般均衡框架考虑人才配置优化与创新驱动型经济增长,研究发现,人才配置过度偏向公共部门造成了创新效率损失,在其他参数给定的情况下,如果公共部门的平均工资是企业研发部门平均工资的 59%,那么人力资本配置达到最优均衡,经济增长最有效率。陈怡安、许家云 (2019b) 注意到,政府—企业人才配置对创新的负向影响,平均来看,人才配置比每增加 1%,创新效率大约下降 10%,并且使用 2013 年中央巡视作为准自然实验发现,人才误置有损创新效率的因果效应确实成立。王启超等 (2020) 关注到中国人才配置过度偏向金融业的现象,并且使用 1% 人口抽样调查数据实证发现,人才配置对全要素生产率具有显著的倒 "U" 形影响,对于中国 283 个地级市而言,有 273 个城市人才配置过度偏向金融业,这种人才配置结构显著降低了实体部门特别是制造业全要素生产率。

2.1.2 企业家活动:生产性配置与非生产性配置

越来越多文献开始关注企业家活动配置对国家经济的影响。理论上,企业家活动既可能配置到生产领域,也可能配置到非生产领域,鲍莫尔 (Baumol,1990) 是较早对企业家活动配置展开讨论的文献。鲍莫尔 (1990) 提出,一个经济体能否持续增长,关键在于企业家活动是配置到生产领域还是寻租活动,鲍莫尔为研究企业家活动误配置指明了方向。庄子银 (2007) 从理论上证明,在报酬结构内生并且具有历史依赖特征的情况下,政府调整政策对创新只有水平效应而没有增长效应,因此,一国经济如果想要打破低水平的寻租社会均衡陷阱,就应当通过政治、经济、文化制度创新,降低寻租活动的报酬,提高生产创新的报酬,使企业家活动配置到生产创新领域,从而使经济在更高水平上趋向均衡。李晓敏、卢现祥 (2010) 发现,企业家活动在不同部门的配置对经济增长的影响存在显著差异,企业家活动偏向政府或者国有部门通过抑制私人投资,进而对经济增长产生负面影响。马忠新、陶一桃 (2019) 使用中华老字号企业的数量作为企业家精神的代理变量,考察企业家精神和经济增长的关系,研究发现,企业家精神历史传承通过创新创业促进经济增长,并且市场化在其中发挥调节作用。李政、刘丰硕 (2020) 使用创新创业活动衡量企业家精神,并借助 285 个城市面板数据实证发现，企业家精神显著提升了城市全要素生产率，但是正向促进效果存在明显的异质性，企业家精神对全要素生产率的促进作用在东部地区、中心城市、科教水平较高的城市更加显著。

值得关注的是，邵宜航等（2018）从经济学和社会学跨学科的角度研究高人力资本群体职业阶层的差异（比如创新者与管理者的阶层差异）导致人才配置扭曲，从而对长期经济增长产生重大影响，研究发现，如果创新群体（包含企业家活动）的阶层地位低于竞争性群体的阶层地位，那么这种阶层差异会有损经济增长，而且负向作用将随着创新效率的提升进一步变大，最后使用中国综合社会调查（Chinese General Social Survey，CGSS）调查的个体数据和省级数据进行匹配，实证发现创新群体和管理群体的阶层差异显著损害经济增长，而如果能够驱使社会聪明大脑集中到创新阶层会有利于增长。

另外，学者们对企业家才能配置的研究有了新的拓展。陈艳莹等（2012）发现，自然资源引致的寻租空间会扭曲企业家才能配置，具体逻辑在于，自然资源禀赋越丰裕，寻租的预期收益越大，当寻租的预期收益大于生产活动的回报时，企业家才能就会偏向寻租，并且影响到经济增长，使用中国分省份面板数据进行中介效应检验发现，企业家寻租的中间效应显著。董志强（Dong et al.，2016）认为在一个存在寻租的社会中，企业家不是只会通过寻租追求利润，他们也有可能抵制寻租。胡永刚、石崇（2016）建立了一个包含国企和非国企两部门的企业家才能配置模型，发现制度是影响企业家才能配置的关键因素，并且管制和法治主要通过企业家精神的数量效应和配置效应影响经济增长，当市场扭曲程度给定时，强化法治对经济增长呈现先降后升的"U"形影响，拐点处的寻租回报是 1.6。

近年来，学者们也关注企业家活动非生产性配置。李增刚（2013）在系统梳理奥尔森、阿西莫格鲁以及罗宾逊的国家兴衰理论基础上，发现以寻租、分利集团为代表的非生产性配置可以解释国家贫困的根源。从资金分配看，企业金融化资产和管理费用占比不断提高，购置生产机器设备和研发支出比重逐渐降低，因此非生产性投入与生产创新投入之差成为度量企业家活动配置的指标之一。但是在众多文献中，既有研究认为企业金融化可能存在"蓄水池"效应会促进实体增长，也有很多研究认为企业金融化是为了投机从而会"挤出"实体经济，比如张成思、张步昙（2015）认为金融部门过度膨胀会伤害实体经济，杜勇等（2017）使用上市公司数据发现，综合来看，金融化的挤出效应大于蓄水池效应。戴赜等（2018）将研究视角下沉到微观企业，系统梳理了企业金融化的相关研究，理论界对企业金融化与实体经济的关系尚未形成一致认识。但是学者们倾向于，过度金融化不利于实体经济，刘贯春等（2019）发现，企业从金融渠道获利越多，企业实际资本结构与目标值偏差越大且优化调整速度越慢，高杠杆增长模式与供给侧结构性改革去杠杆化目标相违背。胡海峰等（2020）证明企业金融化与全要素生产率存在显著倒"U"形关系，上市公司过度金融化阻碍了企业全要素生产率提升。

2.1.3　人力资本错配

大多数文献都认可人力资本是影响全要素生产率的核心要素之一[①]。对于中国情景下的人力资本错配问题研究主要是从两方面展开分析，一方面是人力资本存量与经济增长，另一方面是人力资本流量与经济增长。近些年学者们关注到人力资本错配对经济增长的影响。赖德胜、纪雯雯（2015）关注到中国人力资本规模快速扩张，但是人力资本对创新的影响与理论预期并不一致，原因在于人力资本没有得到有效率的配置，通过构建政府部门、垄断部门和市场部门的三部门模型，研究发现，相对报酬差异引起人力资本在部门间的错配，只有市场部门人力资本能促进创新。李静、楠玉（2017）发现，中国的人力资本错配表现为市场化程度高的部门人力资本低于其他国家，而事业型单位、垄断行业和非实体行业人力资本强度过高，人力资本错配导致中国大量的研发投入没有真正推动技术进步。马颖等（2018）使用 CHIP 讨论了行业间人力资本错配问题，研究发现，各行业存在不同程度的人力资本错配，第一产业存在"补贴"性扭曲，第二产业存在"税收"性扭曲，表现为人力资本配置不足，特别是与实体经济紧密相关的采矿业和制造业人力

---

① Vollrath（2014）利用 14 个发展中国家（不包含中国）微观劳动力工资数据对人力资本配置效率进行实证研究发现，人力资本确实存在错配，但是人力资本有效配置对生产率的改善作用有限（大多数发展中国家低于 5%），这篇文献是特例。

资本配置不足，而第三产业人力资本供给过剩，人力资本错配使得行业真实产出无法达到最大并降低总产出，2007 年和 2013 年由于人力资本错配造成的损失分别占当年中国 GDP 的 1.79% 和 1.63%。李静、楠玉（2019）考虑了人力资本错配与产业结构调整的问题，研究发现，市场条件下如果后发国家实体经济没有足够的人力资本储备，那么经济转型过程中应当优先做好产业升级，而不是创新驱动，文章建议，当前大学及以上学历劳动力过度沉淀到金融、电信等高度管制部门，打破人力资本流动的制度性障碍应当是改革的重点。

产业间人力资本错配造成大量研发投入浪费，对经济增长产生负面影响。李静等（2017）发现，中国人力资本在部门间严重不匹配，规模庞大的人力资本并没有流向科技创新部门，具体表现在大量拥有工程技术学位的毕业生进入高收入垄断行业，特别是国有金融行业。由于缺少高质量人力资本流入，发展中国家通过模仿引进的技术和本国劳动力不匹配，人力资本错配会导致创新不足[①]，但如果完全消除错配，增长又不稳定，因此人力资本错配是中国经济保持稳定增长的"难题"。人力资本适宜性匹配（而不是完美匹配）、建立人力资本外部性的渠道（信息共享和知识传递）可以助力创新并且实现跨越式增长。李静、楠玉（2017）实证发现，中国人力资本过度集中在事业型行业、垄断行业或者非实体行业，人力资本错配阻碍了人力资本红利释放，导致大量的研发投入没有起到推动技术进步的作用。

2.1.4　实体经济和虚拟经济之间就业失衡

有一部分文献已经注意到高人力资本群体在实体经济与虚拟经济之间就业不平衡的现象，但是缺乏规范的实证研究。岳昌君、周丽萍（2016）使用2015 年全国高校毕业生就业状况调查数据发现，6 年内高校毕业生在制造业占比下降 7.8%，而金融业成为就业比重较大的行业并且就业比重呈现进一步上升趋势。李飚、孟大虎（2019）发现，当前中国实体经济和虚拟经济之

[①]　李静等（2017）定义的人力资本错配是指，一部分人力资本被当作简单劳动力参与生产。

间存在显著的不平衡，受过良好教育的劳动力偏向于进入非生产性的虚拟经济部门，造成劳动力错配，作者认为政府在平衡实体经济与虚拟经济过程中可以借鉴德国经验，始终重视实体经济并坚持发展实体经济的战略，鼓励高质量劳动力流向实体经济。

还有一部分研究关注到实体经济和虚拟经济之间发展失衡问题。朱鸿鸣、赵昌文（2015）发现，中国金融业发展过度，攫取性的金融体系产生虹吸效应，对创新和经济增长产生负向作用。阿坎纳等（Arcand et al.，2015）发现，如果任凭金融业过度发展，那么金融业占比超过一定阈值之后，经济增长将受到负面影响。刘志彪（2018）认为，当前中国经济运行中实体经济与虚拟经济之间存在重大的结构失衡，具体表现在，资源过多进入金融、房地产领域，而不愿意进入实体经济，经济高质量发展必须重点纠正这类结构失衡问题。

2.1.5 其他相关研究

此外，还有学者从市场扭曲、收入分配、城市人才政策等角度展开研究。葛立宇（2018）发现，市场扭曲是人才错配的原因，当要素市场扭曲越严重时，人才更倾向于进入非生产性部门，人才错配进一步抑制地区创新，作者通过构建企业家寻租的中介变量，发现要素市场扭曲导致人才错配，而人才错配又进一步导致企业家寻租，最终造成创新活动减弱的传导机制。陈怡安、许家云（2019a）从政府—企业的视角考察了人才配置对收入不平等的影响，其中人才配置指标与李世刚、尹恒（2017）一致，并且使用中国健康与营养调查（CHNS）数据发现，人才配置过度偏向政府显著增加了居民收入不平等程度，平均来看，政府—企业人才配置比例上升 1%，泰尔系数增加1.2%，鼓励优秀人才进入生产性部门有助于改善收入不平等。黄群慧等（2019）整理了重点二线城市人才政策，并且以厦门市为例，分析了二线城市在吸引高端人才、基础人才政策等方面的不足之处，建议二线城市应当找准比较优势，与一线城市错位发展。

2.2　全要素生产率

2.2.1　全要素生产率测算方法

全要素生产率（Total Factor Productivity，TFP）属于经济增长理论，与全要素生产率相关的文献主要出现在发展经济学、政治经济学领域。《新帕尔格雷夫经济学大辞典》对生产率的解释是，产出的度量与所有投入的某种指数之比，全要素生产率的基本定义是总投入转化为总产出的比率，从计算方法上来看，全要素生产率是经济增长中不能够被资本和劳动等要素投入所解释的部分，可以理解为资源错配改善、技术进步或者创意等"难以衡量"的因素带来的效率提升。长期以来，大量经济学者致力于准确估计全要素生产率，探寻全要素生产率增长的源泉，学术界对全要素生产率的研究已经成为经济增长理论的一个重要分支。

经济学者对 TFP 的研究是从计算全要素生产率开始的，目前 TFP 的测算方法已经非常丰富，基本思路是索洛剩余（Solow residual）。常用的测量方法有参数方法、非参数方法和半参数方法，其中参数方法或半参数方法计算 TFP 本质上是估计生产函数。参数方法要假设生产函数，具体方法包括最小二乘法（OLS）、固定效应（Fixed Effect）、工具变量（Instrumental Variable，IV）、广义矩估计（Generalized Method of Moments，GMM）、随机前沿分析（Stochastic Frontier Analysis，SFA）。非参数方法包括方向距离函数（Directional Distance Function，DDF）、曼奎斯特卢恩伯格指数（Malmquist – Luenberger，ML）、数据包络分析（Data Envelopment Analysis，DEA）和松弛变量模型（Slacks Based Measure，SBM）等，非参数估计可以计算存在非期望产出时的全要素生产率，并且不需要主观设定产出函数，可以对全要素生产率进行分解从而找到全要素生产率增长的来源。但非参数的方法对样本量有要求，因为当样本量较少时，大多数决策单元的效率值都是 1 从而影响分析，经验做法是决策单元个数起码是投入指标与产出指标之和的两倍。田友春等

（2017）分别运用 OLS、RE、FE、GMM、SFA、DEA 方法计算全要素生产率，研究发现，根据数据本身的特征选择测算方法，DEA 更适合宏观分行业面板数据，并且劳动指标应该选择全社会从业人员指标。

半参数方法是参数方法和非参数方法的折中，模型包含参数部分和非参数部分，参数部分反映出主要变量对被解释变量的解释能力，非参数部分用非参数估计拟合，具体包括 OP（Olley - Pakes）、LP（Levinsohn - Petrin）、ACF（Ackerberg - Caves - Frazer）。近年来大量文献使用 OP、LP 或 ACF 等半参数方法估计微观企业全要素生产率（Beveren，2012；Ackerberg et al.，2015；陈林、朱沛华，2017）。半参数方法是参数估计和非参数估计的折中，特别是 OP 法和 LP 法可以处理联立性（Simultaneity）偏差以及样本选择偏误，已有研究发现半参数估计结果更加稳健。布兰德等（Brandt et al.，2012）利用中国制造业企业 1998～2007 年数据测算全要素生产率时发现，OP 和 ACF 估计的 TFP 增长率高于指数法计算结果，并且 OP 和 ACF 结果显示中国制造业规模报酬递减。贝弗伦（Beveren，2012）考虑了生产要素市场和产品市场非完全竞争，产品选择内生性的情况，使用毕威迪（Bureau van Dijk）企业数据评估了最小二乘法、固定效应、广义矩估计、OP 和 LP 计算全要素生产率的效果，发现 OP 和 LP 估计优于固定效应和广义矩估计。柳荻、尹恒（2015）发现，计算企业全要素生产率的时候能够利用到的企业行为和决策信息越充分，估计就越有针对性，计算结果就会越可靠，结构方法中的 OP 方法、LP 方法、ACF 方法和 Wooldridge 方法开创性地解决了传统计量方法面临的内生性问题，结构方法的应用空间会非常广阔。陈林、朱沛华（2017）首次在成本函数中加入 TFP 项，并将原本用于估计生产函数的 OP 法推广到估计成本函数，构建了基于半参数法的成本函数模型，中国重化工企业数据的回归结果表明，OP 成本函数法可以控制同步性问题和样本偏差，估计结果更加稳健，并且 OP 成本函数还可以测算分解企业间异质的全要素生产率。

然而学者们对全要素生产率测算方法优劣持有不同观点，特别是企业层面全要素生产率测算。有学者质疑，OP、LP 和 ACF 存在明显缺陷（张志强，2015；杨旭等，2017）。张志强（2015）发现，尽管 OP、LP、ACF 解决了联立性问题和选择偏差，但这些方法遗漏了其他潜在影响企业生产率的变量，比如企业的投资行为、出口行为，因此生产率动态调整的一阶马尔科夫过程不仅应该包括生产率的一阶滞后项，还应该包括这些遗漏因素。遗漏变量造成 OP、LP 和 ACF 倾向于高估企业全要素生产率。张志强（2015）认为 OP、LP 和 ACF 倾向于高估企业全要素生产率，而 De Loecker、GNR 和 Joint 可以得到生产率的稳健估计。尹恒、柳获和李世刚（2015）系统比较了企业全要素生产率不同计算方法的差别，无论使用参数方法或者是非参数方法，计算全要素生产率的关键都是控制生产技术所允许的要素替代，而 DEA 方法、指数法、固定效应、工具变量法和动态面板等方法都不是令人满意的方法，尽管结构估计方法（比如 OP、LP、ACF）打开了企业决策的"黑箱子"，但是会因为共线性问题导致结果不可靠，而如果将传统指数思路和结构估计方法结合起来就可以得到更可靠的结果。

张天华、张少华（2016）发现，生产函数设定、样本选择和数据处理都会对全要素生产率估计结果产生较大影响，文章对产出模型、样本和数据折算统一处理后，比较研究结果发现，产出函数对估计结果影响最大，其次是样本范围，价格因子的影响比较小，只有当数据不存在严重测量误差时，指数法才能得到全要素生产率增长的一致精确估计。杨旭等（2017）分别使用结构方程（MIMIC）贝叶斯估计计算全要素生产率，研究发现，2013 年和 2014 年中国全要素生产率分别增长 2.1% 和 2.5%，MCMC 贝叶斯法估算结果更合理。近 10 年全要素生产率估计方法的相关研究，可以参见表 2 - 1。

表 2 - 1   近 10 年全要素生产率估计方法的研究状况

作者	数据	研究方法	研究结论
袁堂军 （2009）	上市公司数据	增长核算	上市公司全要素生产率整体是上升的，但要素市场扭曲仍然存在
贝弗伦 （Beveren，2012）	毕威迪 （Bureau van Dijk）	OLS、FE、GMM、OP、LP	半参数估计优于固定效应和广义矩估计
鲁晓东、连玉君 （2012）	中国工业 企业数据库	OLS、FE、OP、LP	半参数估计可以较好处理内生性问题和样本选择偏差

续表

作者	数据	研究方法	研究结论
张志强 (2015)	中国工业 企业数据库	OP、LP、ACF、GNR、 De Loecker、Joint	OP、LP 和 ACF 倾向于高估企业 TFP， De Loecker、GNR 和 Joint 能得到稳健 估计。要素再配置可以显著促进 TFP
白重恩、张琼 (2015)	统计年鉴	增长核算	不考虑人力资本情形，1978～2007 年 TFP 平均增速 4.35%，2008～2013 年 TFP 平均增速 2.25%
李平 (2016)	—	增长核算、 DEA、SFA	技术进步、技术效率与产业结构转换 是提升宏观全要素生产率的三大途径
张天华、张少华 (2016)	中国工业 企业数据库	Index、DEA、OLS、 SFA、GMM、OP、LP	数据不存在严重测量误差时，指数法 是全要素生产率增长的一致精确估计
曲玥 (2016)	中国工业 企业数据库	OLS、FE、OP、LP	企业间劳动配置空间有 13.6%，资本 的配置改善的空间达 628%
蔡跃洲、付一夫 (2017)	统计年鉴	增长核算	中国经济增长整体动力 1/3 来自技术 进步，结构效应的作用只有技术效应 的 1/5
杨旭等 (2017)	统计年鉴	结构方程（MIMIC） 贝叶斯估计	2013 年和 2014 年中国全要素生产率 分别增长 2.1% 和 2.5%，MCMC 贝叶 斯法估算结果更合理
陈林、朱沛华 (2017)	中国工业 企业数据库	OLS、FE、SFA、OP	OP 法可以控制同步性问题和样本选择 偏差，还可以测算分解企业间异质的 全要素生产率
田友春等 (2017)	统计年鉴	OLS、RE、FE、 GMM、SFA、DEA	根据数据本身的特征选择测算方法， DEA 更适合宏观分行业面板数据，劳 动指标应该选择全社会从业人员指标

资料来源：作者整理。

　　TFP 根据测算口径可以区分为整体经济范围 TFP、行业 TFP 和企业 TFP。在实证研究中，大量研究把企业层面 TFP 作为被解释变量，由于在计算 TFP 过程中，我们通常使用行业价格指数折算产出，因为我们无法获得企业价格指数数据，因此在计算企业 TFP 时，必须区分收益型全要素生产率（Revenue Total Factor Productivity，TFPR）和产出型全要素生产率（Physical Total

Factor Productivity，TFPQ）。福斯特（Foster et al.，2008）最早对这两者进行区分，后续越来越多学者都注意到了 TFPR 与 TFPQ 存在区别，已经有中文文献把 TFPR 翻译成全要素生产率价值或名义全要素生产率，把 TFPQ 翻译成全要素生产率产出或真实全要素生产率。

从 TFP 测算结果来看，多数研究发现中国全要素生产率年均增长 3.5% 左右。许多研究测算了中国制造业行业层面 TFP，研究结论都比较接近。布兰德等（2012）发现，产出用收入时，在位企业生产率年均增长 2.85%；产出用增加值时，在位企业生产率年均增长 7.96%。鲁晓东、连玉君（2012）发现 1999～2007 年工业企业全要素生产率增加值前三名的情况分别为金属冶炼行业全要素生产率增长 4.7%、电子通信行业全要素生产率增长 3.96%、仪表仪器行业全要素生产率增长 3.67%。上述结果表明，尽管中国工业全要素生产率整体增长缓慢，但高新技术行业表现出相对较快的全要素生产率增长。任曙明、吕镯（2014）发现，中国装备制造业 TFP 年均增长 2% 左右，政府补贴的平滑机制促进了装备制造业企业 TFP 增长。杨汝岱（2015）发现中国制造业整体全要素生产率增长速度处于 2%～6% 之间，年均增长 3.83%。白重恩、张琼（2015）使用统计年鉴数据发现不考虑人力资本的情况下，1978～2007 年 TFP 平均增速 4.35%，2008～2013 年 TFP 平均增速 2.25%，而考虑人力资本影响要素投入的情况下，1978～2007 年 TFP 平均增速 3.90%，2008～2013 年 TFP 平均增速 1.80%。冯曲等（Feng et al.，2017）使用中国工业企业数据库实证发现，ACF 估计 TFP 年均增长 3.75%，高于布兰德等（2012）的 2.85%，支持了朱晓东（Zhu，2012）4.68% 的结果。黄先海等（2017）发现，1998～2007 年期间中国制造业整体范围全要素生产率提高了 134%，黄先海等（2017）的结论等价于全要素生产率年均增长 3.31%。

近些年，中国宏观经济数据有出现过多次修订，比如 2016 年中国修订了国民经济核算制度，在新版的核算体系之下能够为所有者带来经济利益的研发支出作为固定资本形成被纳入国内生产总值。而这一现象已经引起学者关注，已经有文献讨论中国经济数据修订对全要素生产率的影响。王华（2018）基于修订后的投入产出数据重新计算了 1952～2015 年中国全要素生产率，研究发现，数据修订对 TFP 结果的影响不明显，数据修订使得 TFP 增长率以及 TFP 对经济增长的贡献都有小幅度增加，研发投入对 TFP 的影响比较稳健，改变研究资本的折旧率不会使得结果产生明显变化。

2.2.2　全要素生产率提升路径

除了全要素生产率测算，经济学家对如何提升全要素生产率以及提高全要素生产率在经济增长的贡献率更感兴趣。总的来说，全要素生产率的提升因素主要包括两方面，一方面是技术进步，另一方面是资源配置效率，前者是生产前沿面扩张，后者是在生产前沿不变的情况下，由于生产要素配置更加合理，原本处于生产无效率的企业通过配置改善向前沿面靠近，学者们把通过市场化改革实现资源有效配置进而提高全要素生产率的机会称为"低垂的果实"。刘世锦等（2015）发现，1978～2013 年中国全要素生产率年均增长 3.6%，对经济增长的贡献率是 37%。中国经济高质量增长依靠全要素生产率增长驱动，而提升全要素生产率需要更加重视原始性创新和部门内部竞争，消除资源错配、行业内部优胜劣汰、吸收新技术并且注重创新是提升全要素生产率的关键渠道。中国社会科学院数量经济与技术经济研究所测算发现，1977～2012 年中国 TFP 年均增长 3.57%，对中国经济增长的贡献率是 38.3%。李平（2016）基于前沿面分解的方法发现，提升全要素生产率的三大途径分别是技术变化、技术效率和产业结构转换。蔡跃洲、付一夫（2017）把宏观全要素生产率增长的来源区分为技术效应和结构效应，中国经济增长整体动力 1/3 来自技术进步，要素配置改善的贡献只有技术效应的 1/5，短期政策应该重视要素重新配置，将资源引向生产率高的行业，从而实现全要素生产率增长，长期政策应该着力创新驱动，推动技术进步实现全要素生产率增长。尹恒、李世刚（2019）发现中国资源配置改善提升全要素生产率、推动经济增长的潜力巨大，如果资源配置效率充分释放出来，全要素生产率可以增长 160% 左右。

有学者从研发投入、城乡收入差距、互联网、工业智能化等视角研究提升全要素生产率的具体路径。吴延兵（2006）发现，在考虑市场因素和产权因素后研发投入仍然可以显著促进全要素生产率增长，研发对全要素生产率的促进作用依赖于产业技术机会，高科技产业的研发产出弹性大于非高科技产业研发产出弹性。高帆、汪亚楠（2016）研究了城乡收入差距对全要素生产率的影响方式与作用机制，理论分析得出，城乡收入差距会通过市场需求和人力资本对全要素生产率产生影响，并且可以预期城乡收入差距与全要素生产率呈倒"U"形关系。文章结合 1992～2013 年中国省级面板数据实证验证了理论分析得出的结论，城乡收入差距扩大导致全要素生产率先上升而后下降，拐点出现在城乡收入差距是 0.1852 的位置，即便考虑到全要素生产率的空间自相关，但结果仍然存在。郭家堂、骆品亮（2016）考察了互联网对全要素生产率的提升作用，文章使用中国省级面板数据实证发现，互联网可以显著提高技术进步推动型全要素生产率，并且这种提升作用是非线性的，网络效应的门槛值是 41.43% 的网民比例。文章还对索洛悖论提出新见解，正是因为索洛忽略了互联网的作用才得出"计算机对生产率无效"的错误结论。

袁礼、欧阳嵚（2018）探讨了发展中大国如何提升全要素生产率，研究发现，发展中大国甄别比较优势，选择适宜技术进步是提升全要素生产率关键。以中国、印度、印度尼西亚、南非和墨西哥为例，正是因为中国和印度都合理判断本国比较优势变化，选择资本偏向型技术，从而提升了全要素生产率，而印度尼西亚、南非和墨西哥由于没有准确预期要素市场结构的变化，没有恰当调整技术进步偏向，因此全要素生产率表现为先上升后来下降。

王兵、王启超（2019）使用广东企业调查数据发现，资源错配改善是提升全要素生产率的主要动力，平均来看，贡献率达到 93.9%，同时还发现，实施工业智能化战略在先进制造业和高技术制造业具有显著的"去资源错配效应"，每多一家企业使用工业机器人，行业内资源错配改善 1.5% 左右。

2.3　资源配置（错配）

2.3.1　资源配置（错配）测度方法

资源配置是古典经济学关注的核心问题，资源错配或者资源误配是广义资源配置的一种特殊状态，受到学者们广泛重视。近年来越来越多文献发现，人均收入水平高的国家配置资源的能力也比较强，而人均收入水平低的国家往往存在较多扭曲因素并且资源配置不遵循效率原则，因此，即便生产技术完全一样，发展中国家与发达国家的全要素生产率仍然会有差异，越来越多研究证明资源错配造成了国家间全要素生产率差异。对于发展中国家，经济转型过程中生产要素不能得到最有效率的配置，就会产生资源错配现象。在经济学中，资源错配是资源配置偏离最优的一种相对状态，理论上的最优配置应当是最后一单位生产要素分配给任意一个生产主体，都可以得到相同的边际产值，但有时候理论上的最优状态过于理想化，现实经济活动不可能达到这种理想状态，因此也有研究会选择现实中特定资源配置作为基准，因为现实例子作为最优状态的参照通常是可行的，比如美国通常被认为是资源配置有效，那么计算其他国家的资源配置效率就是以美国作为基准来度量。真实产出与计算所得的最优产出的比值就可以表示资源配置效率。

行业内资源错配，实证文献通常采用的指标是全要素生产率四分位差或者标准差（Hsieh and Klenow，2009；Syverson，2011；聂辉华、贾瑞雪，2011；罗德明等，2012；邵宜航，2013；孙浦阳等，2013；张建华、邹凤明，2015；李旭超等，2017）。谢长泰和克雷诺（2009）开启了从全要素生产率价值的离散程度分析资源错配的范式，当经济处于有效状态时，同一细分行业内企业的 TFPR 应当是接近的，否则就可以通过资源重新配置继续增加产出，因此行业内 TFPR 的离散程度可以度量资源错配。全要素生产率与资本和劳动边际收益产品的几何平均成正比，如果资源配置有效率，要素的边际产品在横截面上就不会出现差异，同一细分行业内企业的全要素生产率收益（TFPR）应该相等。罗德明等（2012）进一步改进了 HK 模型，在一般动态均衡理论模型中引入中间产品生产企业同时内生化企业进入退出行为，考虑企业生产率动态变化，在此基础上考察要素市场扭曲导致资源错配并且造成全要素生产率损失，模型校准结果表明，政策扭曲可以解释大约80%的全要素生产率损失。

从测算方法上来说，资源错配理论开始逐渐突破谢长泰和克雷诺（2009）的静态分析框架。琼斯（Jones，2013）考虑了资源错配动态效应，着重分析了中间投入错配产生的放大效应，并且进一步提出了验证资源错配的新思路，就是以美国的投入产出结构作为其他国家真实技术水平的参照，使用观测到的中间投入数据度量不同国家四位数行业的扭曲。文东伟（2019）在谢长泰和克雷诺（2009）的基础上构建了一套基于核算方法的资源错配定性和定量测度方法。

2.3.2 资源配置（错配）基础理论及最新进展

从资源错配的视角解释不同国家间的发展差异，成为近十年来经济增长领域发展最快的方向之一（Syverson，2011；Restuccia and Rogerson，2017）。近年来越来越多文献发现，人均收入水平高的国家配置资源的能力也比较强，而人均收入水平低的国家往往存在较多扭曲因素并且资源配置不遵循效率原则，因此，即便生产技术完全一样，发展中国家与发达国家的全要素生产率仍然会有差异，许多研究证明资源错配造成了国家间全要素生产率差异。对于发展中国家，经济转型过程中生产要素不能得到最有效率的配置，就会产生资源错配现象。在经济学理论中，资源错配是资源配置偏离最优的一种相对状态，理论上的最优配置应当是最后一单位生产要素分配给任意一个生产主体，都可以得到相同的边际产值。张建华、邹凤明（2015）指出，资源错配是相对于有效配置而言的情形，错配就是偏离了最优配置的状态。资源错配对全要素生产率有重要影响，常用的计算资源错配效应指标有分行业全要素生产率标准差或 OP 协方差。

绝大部分文献都是沿着谢长泰和克雷诺（2009）的研究展开，比如龚关、胡关亮（2013）和文东伟（2019）突破了 HK 模型中规模报酬不变的约束，考虑更加一般的情形。具体来说，龚关、胡关亮（2013）采用 MRPL 和 MRPK 的离散程度而不是 TFPR 的离散程度衡量配置扭曲。龚关、胡关亮（2013）更准确地考察了中国制造业资源配置，如果资本和劳动都有效配置，1998 年和 2007 年中国制造业全要素生产率还可以分别提高 57.1% 和 30.1%。孙浦阳等（2013）提出了产品替代性影响生产率分布，进而作用资源配置的理论假说。孙浦阳等（2013）使用 1998~2007 年中国制造业企业数据，分析中国细分行业生产率的离散程度，验证了产品替代影响生产率离散具体作用机制，研究发现，提高产品替代性可以降低行业生产率离散，减少资源错配。蒋为（2016）从增值税扭曲的角度考察生产率分布变化以及资源误置问题，文章使用 1998～2007 年中国工业企业数据库实证表明，有效增值税税率差异提高 1 个百分点，生产率离散程度扩大 0.015 单位，税率扭曲对生产率离散的影响具有明显的地区和行业差异。

资本、劳动、能源和土地等传统生产要素的错配受到学术界广泛关注。袁志刚、解栋栋（2011）使用宏观数据估计劳动力过度偏向农业部门对全要素生产率的影响，作者发现，劳动力错配导致全要素生产率下降 2%～18%，进一步分解发现，劳动力错配通过工资差异效应和部门份额效应两方面影响全要素生产率，其中工资差异是主要原因。

陈诗一、陈登科（2017）创新性地将能源要素纳入产出模型，在考虑资本—劳动—能源三种要素投入的情况下分析资源配置扭曲对全要素生产率的影响，作者发现，扭曲导致全要素生产率平均下降 42.7%，资本、劳动和能源的扭曲在总扭曲中分别占比 43.8%、21.2% 和 36.1%，能源扭曲的重要性有逐渐超过资本扭曲的趋势。还有学者关注到中国土地资源错配问题，李力行等（2016）发现中国开发区建设过程中大量土地资源被低效率使用，比如以低地价、协议出让等形式的粗放型土地出让方式造成了土地资源错配，实证研究发现，在城市层面以协议方式出让的建设用地比例越大，该城市工业企业资源错配越严重。文章稳健性检验以地形和官员任期作为土地出让的工具变量证明研究结论依然成立。

近年来，资源错配的研究视角逐渐多样化。2003 年以来中国房价快速上涨，房价变化会对资源错配和全要素生产率产生影响。陈斌开等（2015）发现，高房价使企业利润率和全要素生产率"倒挂"，从而造成资源错配，实证结果显示，房价每上涨 1%，资源再配置效率下降 0.062 个百分点，全要素生产率下降 0.045 个百分点。该分析有力地驳斥了"高房价促进经济增长"的观点。刘毓芸等（2017）研究了方言、市场分割与资源错配的关系，方言是身份认同的关键维度，方言差异会导致个体之间不信任，不利于经济合作，导致市场分割并且造成资源错配。文章通过匹配方式得到"中国相邻县间生产率差距与方言差异的数据库"，实证发现，方言差异会显著恶化相邻两地区间资源错配，当两地区初始经济发展水平相近时，方言不同导致的资源错配效应更强。在同一地级市，方言越多样，该地级市资源错配越严重，如果该地级市只有一种语言，资源错配程度会降低 15% ~ 20% 个标准误。

行政权力过度干预市场会扭曲资源配置。谢小平等（2017）注意到中国的城市行政级别可能会扭曲资源配置，进而对微观企业全要素生产率产生影响。文章实证发现，进入行政级别高的城市后，企业全要素生产率增速低于进入其他城市企业的全要素生产率增速，原因在于，进入高级别城市的企业为了获得行政资源的收益会选择迎合政府诉求，造成资源错配，阻碍企业全要素生产率增长。江艇等（2018）关注到城市行政级别对城市全要素生产率水平以及资源错配的影响，实证发现，城市级别提高了制造业全要素生产率水平，但是城市级别越高，城市内部资源错配程度越严重，集中表现在国有企业和外资企业内部资源错配恶化。江艇等（2018）指出，行政级别影响全要素生产率水平和资源配置的作用渠道是政府补贴、人才优势、融资便利性和地方税负。周黎安等（2013）使用中国工业企业数据和地级市官员数据考察了中国制造业资源错配与党代会周期之间的关系，结果表明，省级党代会召开当年及以后两年，资源错配程度较高，接下来的两年资源错配程度较低，官员的晋升激励可能加剧资源错配。

2.3.3 资源配置（错配）改善因素研究

中国宏观经济调控转向供给侧，供给侧结构性改革矫正市场扭曲从而减少资源错配。袁晓玲等（2016）从资源错配的角度实证检验了中国供给侧改革的资源配置效率红利，研究发现，三类资源错配（行业内资源错配、行业间资源错配和地区间资源错配）中纠正行业内部企业之间资源错配的红利最大，并且纠正资本错配的红利大于纠正劳动错配的红利。

政策扭曲减少可以缓解错配。张天华、张少华（2016）注意到中国偏向性政策导致国有企业比非国有企业享受更有利的政策，造成资源错配。文章通过倾向得分匹配法建立与国有企业各方面特征相近的非国有企业参照样本，在此基础上借助反事实分析计算政策扭曲所造成的损失。实证发现，扭曲政策使得国有企业生产要素过度配置，并导致国有企业盲目扩张，但是扭曲政策的错配效应逐渐下降。

近年来,有研究发现产业集聚、环境规制会影响资源错配。季书涵等 (2016) 考察了产业集聚对资源错配的影响,研究发现,当行业资本配置过度和劳动力配置不足时,产业集聚通过降低资本门槛以及优化劳动力结构的协同作用改善集聚区资源错配。韩超等 (2017) 依托 2006 年首次约束性污染控制分析环境规制的资源再配置效应,使用 1998~2007 年中国工业企业数据库实证发现,约束性污染控制具有显著的去错配效应,环境规制促使资本向高生产率企业流动,高生产率企业市场份额扩大,加总生产率提高,最终实现经济与环境双赢。为了检验结果的稳健性,韩超 (2017) 选择了地理上接近但污染控制目标不同的 40 个地级市再做回归,结论依然成立。李蕾蕾、盛丹 (2018) 把地方环境立法作为准自然实验,结合中国工业企业数据库,运用 DID 方法识别环境立法如何影响资源配置。研究发现,只有在高研发强度企业,环境立法可以降低行业内生产率离散程度,优化资源配置,作用机制在于,环境立法使得低生产率企业生产率大幅提高,行业内生产率离散程度缩小,同时环境立法还强化了市场淘汰机制,抑制低生产率企业进入并促进低效率企业退出。

2.4　本 章 小 结

本章系统梳理了人才配置、全要素生产率、资源配置(资源错配)的相关文献。根据现有文献,我们发现,中国人才配置与世界上其他国家的人才配置有所区别。许多研究发现,美国由于肤色和种族问题,造成人力资本被浪费;印度则是根据种姓严格区分社会阶层,导致人力资本错配。事实上,无论是肤色、性别、种族还是种姓,这些造成人力资本错配的因素都是极其外生的,而中国人力资本配置的影响因素主要是经济发展中的内生因素,比如行业垄断、生产效率。通过文献梳理可以发现,政府—企业间人才配置、全要素生产率以及资源配置是经济学者普遍关心的热点话题,并且已经形成了丰富的研究资料。但是目前来看,仍然存在几点不足:

第一，理论研究与现实经济存在差距。理论分析认为，人力资本可以提高经济产出。现实中，中国确实通过普及高等教育的方式积累了丰富的人力资本，中国经济确实保持高速增长。但是如果把研究视角进一步下沉到行业层面，我们发现制造业真实情况并不完全符合理论预期，一方面是人力资本存量快速增长，另一方面是制造业就业人口平均受教育年限比较低，人力资本缺口巨大。因此，很有必要系统讨论实体行业和非实体行业间人才如何配置的问题。

第二，研究话题集中在政府和企业间人才配置对经济增长率的影响。从研究话题来看，现有研究对公共部门（政府）和非公共部门（企业）之间人才配置讨论比较多，并且一般选择经济增长率作为被解释变量。然而，当前中国人才配置出现了新的转变，除了"学而优则仕"，也有大量受过良好教育的个体"学而优则商"，而且金融部门成为高人力资本群体偏好的职业选择。另外，全要素生产率代表长期经济增长的潜力，中国经济转向高质量增长，提升全要素生产率非常关键，因此，这一指标应当受到学者关注。

第三，静态分析框架。大多数文献是在谢长泰和克雷诺（2009）框架下展开研究，但也有部分文献开始讨论资源配置扭曲放大全要素生产率损失。比如雷斯图治和罗杰森（Restuccia and Rogerson，2017）在提出研究展望时，就提到了应该考虑错配的动态影响；琼斯（Jones，2011）尝试在动态框架下考察中间投入错配，提出了错配可能会不断被放大从而对产出损失产生几何级影响。另外，现有研究视角主要集中在制造业内部，然而从制造业和其他行业（比如金融业）的交互视角展开研究可能会更接近现实经济。

第3章 基本事实、理论基础以及方法

3.1 中国的基本事实

长期以来，发展实体经济一直是中央政府的战略举措和政策导向，党的十九大报告就明确提出，要把发展经济的着力点放在实体经济上，强化金融服务实体经济的能力，提高全要素生产率。然而，实体经济具体包括哪些行业，无论是在学术研究层面，还是政策应用层面，都还没有明确的定义。黄群慧（2017）将实体经济区分为三个层次：第一层次的实体经济就是指制造业；第二层次的实体经济除了制造业以外，还包括农业、建筑业以及制造业之外的其他工业；第三层次的实体经济包括了第二层次的实体经济，并且还包括批发零售、交通运输仓储和邮政业、住宿和餐饮业等服务业，但是不包括金融业和房地产业。根据黄群慧（2018）的思路，我们可以将制造业等价于最狭义的实体经济，而其他两种层次的实体经济理解成广义的实体经济。

与实体经济相互补的是虚拟经济，或者叫作非实体经济，因此，界定实体经济的具体含义也可以从虚拟经济的含义着手。在现有中文文献的翻译中，有的文献把虚拟经济翻译成 Fictitious Economy，比如彭俞超等（2018）、王启超等（2020），这种语境下的虚拟经济是指金融业、房地产业、博彩业、收藏业等。但是，也有少量文献使用 Virtual Economy，这种语境下的虚拟经济是指互联网经济或者数字经济。正是因为上述两者存在巨大差异，黄群慧（2017）批判了混淆两种"虚拟"概念的现象。需要说明的是，本书提及的虚拟经济是指与金融、房地产等相关的"虚拟"行业（Fictitious）。

经过70多年的奋斗发展，中国已经成为全球工业制造业门类（产业分类）最齐全、独立完整的产业体系的制造业大国，中国制造业GDP规模全球第一（胡迟，2019）。历史一次又一次告诉我们，实体经济（特别是制造业）是国之重器、强国之基，因为一个强大的国家必然以完整的工业体系作为支撑。比如，近代英国的衰落主要是由于实体经济败落（赵昌文、朱鸿鸣，2015）；2008年全球金融危机后，发达国家先后实施"再工业化"战略促进实体经济增长（李扬，2017）；而在中国历史上，清末科举状元张謇投身实业以救亡图存，由此可见，实体经济（特别是制造业）关系到国家兴衰。黄群慧（2017）曾经这样形容实体经济，新时期要坚持"实体经济决定论"，进而从体制上化解虚实结构失衡。考虑到实体经济的重要作用，本章将从制造业全要素生产率、实体部门人才流失、物质资本与人力资本、行业间垄断程度与报酬结构差异四个方面描述中国的基本事实。

当前，在有关实体经济和虚拟经济的讨论中，存在不少误区，如果不能有效明晰，将会造成社会公众认知和政府政策制度的重大偏差。本章目的在于，全面揭示制造业全要素生产率的增长及人力资本积累的基本事实，为后续实证研究奠定基础。通过本章的分析，可以归纳出以下要点。

3.1.1 制造业全要素生产率

狭义层面的实体经济就是指制造业（黄群慧，2017），因此建设现代化的实体经济需要依靠强大的制造业产业体系。《中国统计年鉴》数据表明，制造业增加值占国内生产总值的比例大约是30%，具体数据，"十二五"期间（2011～2015年）制造业增加值占GDP比重分别是31.98%、31.42%、30.55%、30.38%、29.38%。尽管制造业在国民经济所占比重较大，但是近些年制造业的发展相对艰难，国家统计局公布的数据显示，2019年全国规模以上工业企业利润总额为61 995.5亿元，下降3.3%，其中制造业利润总额为 51 903.9 亿元，下降 5.2%①。

全要素生产率是国内外经济学者关注的重要指标，是国家经济长期可持续增长能力的体现。其中，克鲁格曼的发现最为轰动，他发现东南亚国家早期的经济腾飞只有资本积累和劳动投入的增加，但是没有全要素生产率的提升，由此预测东南亚国家迟早会发生经济危机，并且提出东亚无奇迹的观点，而在 1997 年东南亚国家发生的经济危机进一步证明了全要素生产率的重要性（佟家栋等，2017）。此后，许多经济学者又重新测算亚洲其他国家的全要素生产率，并且借助分解的方式把全要素生产率增长来源分为技术进步和资源配置效率。伯拉德等（Bollard et al.，2013）发现，印度经济增长没有奇迹，并且资源重配对全要素生产率的贡献非常有限。

由于数据可得性比较好，现有文献对制造业全要素生产率讨论比较丰富。鲁晓东、连玉君（2012）发现，高新技术行业表现出相对较快的全要素生产率增长，1999～2007 年工业企业全要素生产率增长最快的三个行业是金属冶炼行业、电子通信行业、仪表仪器行业，它们的全要素生产率分别增长4.7%、3.96%、3.67%。而对于中国制造业整体，伍晓鹰（2013）计算发现1980～2010 年间全要素生产率年均增长率 0.5%；杨汝岱（2015）推算中国制造业全要素生产率增长速度处于 2%～6% 之间，年均增长 3.83%；冯曲等（Feng et al.，2017）发现中国制造业全要素生产率年均增长 3.75%；余泳泽（2017）发现 1978～2012 年中国全要素生产率年均增长 2.391%。如图 3-1所示，TFP 增速的算术平均值是 3.85%，因此我们有理由认为，这一增长速度大概是 GDP 增速的 1/3。

此外，我们还系统梳理了近十年学术界对中国制造业全要素生产率的主要发现，如表 3-1 所示。到目前为止，学术界对全要素生产率的研究可谓汗牛充栋，研究内容涉及企业行为、产业政策、环境、贸易等，但是在研究结论方面，众多研究都认可中国制造业全要素生产率仍然存在较大的增长空间。

---

① 资料来自国家统计局官方网站，http://www.stats.gov.cn/tjsj/zxfb/202002/t20200203_1724853.html。

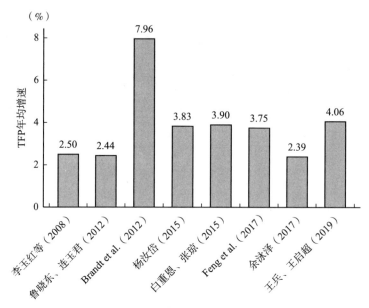

图 3 - 1　制造业 TFP 年均增长率

注：图 3 - 1 汇报的布兰德（Brandt et al.，2012）是基于增加值的结果，使用总产值计算的 TFP 增速是 2.85%。

资料来源：作者绘制。

表 3 - 1　　　　　　　　近十年对制造业全要素生产率的研究发现

作者	数据	研究方法	研究结论
李玉红等（2008）	中国工业企业数据库	Ackerberg et al.（2007）	中国工业生产率年均增长 2.5%，资源重配贡献 50%。工业企业的生产率异质性，存活企业生产率水平最高，进入企业生产率增速最快
陈诗一（2010）	陈诗一（2009）、张军等（2009）以及统计年鉴	DDF	考虑环境约束的实际全要素生产率比传统不考虑环境因素的估算值低，中国实行的节能减排政策初见成效
余淼杰（2010）	国家统计局企业调查数据和《世界进口和出口贸易数据》	OP	贸易自由化显著促进正向企业生产率，出口企业生产率提升程度大于非出口企业
聂辉华、贾瑞雪（2011）	中国工业企业数据库	OP	中国制造业企业 TFP 离散度很高，制造业内部的资源重置效应约等于 0，企业的进入和退出对 TFP 没有正面作用

续表

作者	数据	研究方法	研究结论
布兰德等（Brandt et al., 2012）	中国工业企业数据库	指数法、OP、ACF	产出用收入时，在位企业生产率年均增长2.85%；产出用增加值时，在位企业生产率年均增长7.96%
龚关、胡关亮（2013）	国家统计局工业企业调查数据	LP	中国制造业全要素生产率潜在增长30%～57%，这一结果比谢长泰和克雷诺（2009）更准确
宋凌云、王贤彬（2013）	中国工业企业数据库	OP	重点产业政策显著提高相应产业的 TFP 水平，提高程度具有行业差异，原因是将资源导向 TFP 增长率更高企业的程度不同
任曙明、吕镯（2014）	中国工业企业数据库	LP、ACF	TFP 年均增长 2% 左右，政府补贴的平滑机制推进了装备制造业企业 TFP 增长
杨汝岱（2015）	中国工业企业数据库	OP、LP	中国制造业全要素生产率年均增长 3.83%，增长主要依靠企业成长，这一增长空间在不断缩小，未来要依靠改善配置效率
陈诗一、陈登科（2016）	中国工业企业数据库	OP、LP	高效率企业效率韧性提高可以降低融资约束对加总全要素生产率的负向影响；基于 LP 法和 OP 法构建的加总 TFP 的平均增长率分别是1.53% 和 3.24%
冯曲等（Feng et al., 2016）	中国工业企业数据库	OLS、ACF、BB	ACF 估计 TFP 年均增长 3.75%，高于布兰德等（2012）的 2.85%，支持了朱晓东（2012）4.68% 的结果。通过要素重配提高 TFP 的前提是进一步深化要素市场和金融体系改革
张海洋、金则杨（2017）	统计年鉴	全局曼奎斯特	中国工业新产品全要素生产率（GNTFP）主要来自技术进步，2008 年以后中国工业全要素的新产品动能明显提高
王卫、綦良群（2017）	统计年鉴	SFA	中国装备制造业 TFP 增长率存在区域差异和行业异质性，技术进步推动 TFP 增长，配置效率阻碍 TFP 增长
张莉等（2019）	中国工业企业数据库	LP、ACF	全要素生产率对数平均值是 6.54，土地资源配置对全要素生产率产生显著影响

资料来源：作者整理。

3.1.2　人才配置：实体部门人力资本流失

一般意义的"人才"是一个相对宽泛的概念，具体而言，"人才"可以分为两类，一类是受过良好教育的人力资本（academic talents），主要是指拥有大专及以上学历的劳动力；另一类是企业家活动（entrepreneurial activities），比如工程师、发明家和创新创业者。当然，这两种类型的人才并不是完全割裂的，两者可能有交集。在本书的第一个实证中，人才指接受过高等教育的劳动力，他们具有创新能力，因此是高人力资本的载体。第二个实证中人才的含义更宽泛一些，具有生产创新能力的个体都属于人才的范畴，熊彼特称之为企业家活动。因此，人才配置包括两种类型：一种是通常意义上的人才配置，用行业间劳动力接受的教育水平比值衡量；另一种是熊彼特强调的企业家活动，使用从事生产创新活动和从事非生产性活动之差衡量。

人力资本来源于经济学家对人的经济价值的思考，它跟实物资本有很大不同，主要体现在，人力资本是依附在劳动力身上，因此人才配置主要是基于具有经济理性的微观劳动力的职业选择。而影响劳动力职业选择的主要因素是相对报酬，包括物质层面的回报和非物质层面的回报（Acemoglu，1995；李世刚，2015）。微观经济学理论告诉我们，职业报酬取决于劳动边际生产率，而影响劳动边际生产率的因素非常复杂，既包括物质方面的因素，也包括非物质方面因素，比如对于从事研究工作劳动者来说，研究环境和设施条件就非常关键（魏浩等，2012）。表3-2描述了分行业就业人口平均受教育年限。

表3-2	分行业就业人口平均受教育年限			单位：年
行业	2000	2005	2010	2015
制造业	9.43	9.36	9.82	10.17
金融业	12.91	13.45	13.77	14.28
房地产业	11.57	11.65	11.51	11.70

资料来源：2000年、2005年数据根据国家统计局人口调查公报计算整理；2010年、2015年数据根据国家统计局—清华大学数据开发中心提供的微观数据计算。

对于当前的中国而言，实体部门到底有没有人才流失、虚拟部门究竟是否过度吸引人力资本一直是学术界关注的重点问题。学者们都认可，虚拟经济特别是金融业最主要的功能就是服务实体经济（黄群慧，2017；刘志彪，2018）。但是在一个转型国家，对某一特定市场参与者，在虚拟部门比在实体部门更容易获得增量货币，本来应该流向实体经济的生产要素过度集中到虚拟经济，对整个社会来说，实际的物质财富并没有增加。如果经济体内部的创新要素"脱实向虚"倾向严重到一定程度，虽然货币财富越来越多，但实际物质财富却越来越少，可能积累重大风险。

根据图 3 - 2 可以很明显地发现，中国丰富的人力资本存量主要集中在以金融部门为代表的非生产性虚拟部门而不是生产性的实体部门。现有文献也支持了这一基本发现，赵昌文、朱鸿鸣（2015）认为，中国当前的金融体系有一定的"攫取性"，表现在金融与实体经济发展失衡，金融业存在显著的"虹吸效应"，诱导过多的企业家活动、资本和优秀人才等关键创新要素"脱

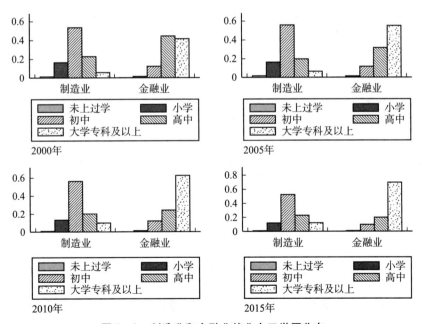

图 3 - 2 制造业和金融业就业人口学历分布

资料来源：作者绘制。

实向虚"。王启超等（2020）借助1%人口抽样调查数据发现，从人力资本存量来看，制造业的初中学历就业人口占比是52.42%，而金融业中受过高等教育就业人口占比是69.63%，人才配置过度偏向金融业对制造业全要素生产率产生了显著的负面影响，并且从人力资本增量的角度来看，人才配置对生产率的负向作用依然显著。

有必要说明的是，图3-2描述的是全行业人才配置的对比分析，这只能是实体部门人力资本水平较低的弱证据。因为制造业就业人口受教育年限低更可能是个结构问题，完全有可能是因为后面有大量低学历的拉低了平均值。具体来说，制造业起步较早，在经济发展的早期阶段吸纳了为数众多的低学历劳动力，而金融业起步较晚，并且高等教育有着明显的普及化趋势，所以，发展阶段影响了行业就业人口的结构。为此，我们提供实体部门人力资本流失的第二项弱证据，如表3-3所示。

表3-3　　　　实体部门—虚拟部门代表性行业专业技术人员比较

行业	年份	专业技术抽样人口（人）	专业技术人口平均受教育年限（年）
制造业	2010	7 269	12.71
	2015	7 916	12.64
金融业	2010	3 963	13.96
	2015	2 642	14.63
房地产业	2010	555	13.61
	2015	589	13.86

注：国家统计局对数据进行了科学化处理，抽样数据具有代表性。
资料来源：作者根据国家统计局—清华大学数据开发中心提供的全国人口普查抽样数据计算所得。

3.1.3　制造业的困境：物质资本还是人力资本？

中国制造业取得了巨大的成绩，但是在增长转型过程中制造业的发展比较困难，甚至可能成为经济转向高质量增长的短板之一。面对这样一种"落差"，我们不禁要问，中国制造业究竟是缺少物质资本还是缺少人力资本？

从中国制造业自身纵向发展来看，2009～2017 年中国制造业获得的科技经费投入大约是全部科技经费投入的 66.32%，如表 3 - 4 所示。

表 3 - 4　　　　　　　　　　中国制造业科技经费投入

年份	制造业研发经费投入（亿元）	占全部研发经费的比重（%）
2009	3 571.28	61.55
2010	缺失	缺失
2011	5 695.30	65.56
2012	缺失	缺失
2013	7 959.80	67.19
2014	8 890.90	68.31
2015	9 650.00	68.10
2016	10 580.30	67.49
2017	11 624.70	66.03

资料来源：根据国家统计局《全国科技经费投入统计公报》计算。

从国际横向比较来看，通常认为，美国和德国的制造业处于世界制造业技术前沿，其他国家通过模仿和学习推动本国制造业增长；中国和印度都是快速增长的新兴经济体，经济增长具有一定的相似特征，因此我们选择美国、德国和印度作为对照，考察中国制造业研发投入强度。如表 3 - 5 所示，2000年的时候中国制造业研发经费占 GDP 比重是 0.89%，但是到 2015 年中国制造业研发经费强度与美国、德国的研发强度差距比较小。由此可见，中国政府高度重视制造业的发展。

表 3 - 5　　　　制造业研发经费占国内生产总值比重的国际比较　　　单位：%

国家	2000 年	2005 年	2010 年	2015 年
中国	0.89	1.31	1.71	2.06
美国	2.62	2.51	2.74	2.74
德国	2.39	2.42	2.71	2.92
印度	0.76	0.81	0.82	0.70

资料来源：《中国科技统计年鉴》。

　　然而与美国制造业相比，中国制造业的人力资本强度非常低，中国经济增长前沿课题组（2014）有一组数据，2012 年中国制造业的人力资本强度是 0.040，而同一时期美国制造业的人力资本强度是 0.661①，中国制造业人力资本强度只有美国制造业人力资本强度的 6.05%；与此形成对比的是，中国金融业人力资本强度大约是美国金融业人力资本强度的 2 倍。

3.1.4　人才配置偏向金融业的一种解释：垄断租金与行业报酬差异

　　在转型经济体中广泛存在着市场扭曲因素，特别是在垄断力量的干预下，生产要素价格与劳动生产率不一定呈现单调递增关系。如果报酬结构存在扭曲，在垄断的虚拟行业获得的边际报酬大于在实体行业生产创新的边际回报，那么人力资本会循着扭曲的价格信号不断沉淀到虚拟行业。概括地说，行业间相对垄断程度的差异扭曲了劳动报酬与劳动生产率之间的关系，造成实体行业偏低的工资收入。

　　首先是行业间相对垄断程度。参考纪雯雯、赖德胜（2018）的思路，我们使用行业就业人口中国有单位就业比重衡量行业垄断程度。由于影响人才配置的关键并不是各个行业垄断程度的绝对量，而是特定行业相对于其他行业的垄断程度，因此，我们以社会平均垄断程度作为分母，分别以制造业垄断程度和金融业垄断程度作为分子，从而计算出制造业相对垄断程度和金融业相对垄断程度②。具体计算公式如下。

$$M = M_i / \overline{M} \tag{3.1}$$

　　其中，$M_i = N_i^{soe} / N_i$，表示 i 行业国有单位就业人口占 i 行业城镇就业人口比重，同理，$\overline{M} = N^{soe} / N$，表示全社会国有单位就业人口占全社会行业城镇就业人口比重。

　　从图 3 – 3 可以发现，2000 ~ 2017 年金融业的相对垄断程度保持在 1.5 以上，而制造业的相对垄断程度在 2017 年的时候只有 0.19。纪雯雯、赖德胜

①　中国经济增长前沿课题组（2014）定义人力资本强度 = 大学本科及以上劳动力占比/行业增加值在 GDP 占比。

②　可以证明无论选择哪个行业作为参照都不会影响结果。

（2018）把相对垄断程度的阈值设定为 0.8 和 1.5。如果相对垄断程度大于等于 1.5，那么就把该行业看成公共部门；如果相对垄断程度大于等于 0.8 且小于 1.5，那么就把该行业看成垄断部门；如果相对垄断程度小于 0.8，那么就把该行业看成竞争部门。因此，从相对垄断程度来看，金融业具有垄断特征甚至是公共部门特征，从而更加接近"体制内"部门，而制造业市场化竞争显著，从而更加近似"体制外"部门①。基于金融业和制造业的垄断特征，在后续章节的实证分析中，我们把金融业理解成寻租型行业，把制造业理解成生产型行业。

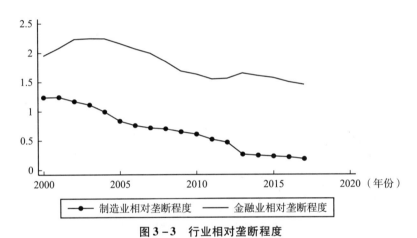

图 3 - 3　行业相对垄断程度

资料来源：作者根据《中国统计年鉴》《中国劳动统计年鉴》绘制。

其次是行业间报酬结构差异。报酬结构是影响人才配置的关键因素（Acemoglu，1995）。而报酬包括两方面，一是货币报酬，具体表现为工资收入；二是非货币报酬，两者都很重要。比如，对于研究工作者来说，科研环境就是他们考虑的主要因素（魏浩等，2012）。由于货币报酬容易量化并且具有可比性，因此，本书接下来所提到的社会报酬指的是货币报酬。

---

①　在中国，就业部门可以被分为"体制内"和"体制外"，"体制内"包括党政机关、事业单位、国有企业。

图3-4分析使用的是《中国劳动统计年鉴》的汇总数据，没有控制就业人口的个体因素等。但是即便是控制住个体特征、居住地等因素，金融业和制造业的收入差距依然显著。比如马颖等（2018）就发现，金融业就业人口年收入大约是制造业就业人口年收入的1.85倍，金融业是收入最高的行业。李晓华、赵耀辉（2014）认为，行业工资的差异很大一部分是因为存在行业租金，金融业垄断程度较高，因此享有正的行业租金，而制造业市场竞争比较充分，行业租金较少。

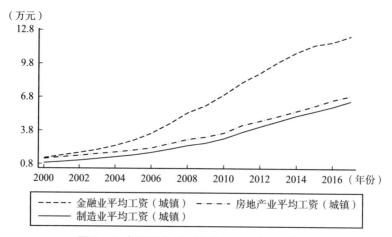

图3-4　报酬结构（只包含显性的货币回报）

资料来源：作者根据《中国劳动统计年鉴》绘制。

此外，通常而言，行业报酬与行业增加值存在高度相关性。2015年中国金融业增加值占GDP的比重达到8.5%，超过美国和英国等发达国家的历史最高水平，并且金融业企业所得税是全部工业企业所得税的115%，即便是考虑到金融业和工业的实际税率的差异，但是结合金融业在GDP的比重，我们也有理由认为，金融业的利润过高甚至是过度发展（赵昌文、朱鸿鸣，2017）。而对于一个尚未完成工业化的发展中国家而言，这种现象更有可能意味着金融与实体经济的发展失衡。

3.2　理　论　基　础

3.2.1　人力资本配置与全要素生产率：拓展的 HK 模型

HK 模型的生产函数设定只包含资本和劳动，考虑到人力资本的重要作用，本书借鉴 HK 模型并在局部意义上有所拓展，将人力资本作为一种生产要素引入分析框架，并且重点考察人力资本配置对全要素生产率的影响。

假设在一个完全竞争市场，最终产品 Y 由一个代表性厂商生产，代表性厂商把 S 个制造业细分行业的产出转换为最终产出，并且规模报酬不变。

$$Y = \prod_{s=1}^{S} Y_s^{\theta_s} \tag{3.2}$$

其中，$\prod_{s=1}^{S} \theta_s = 1$。厂商以成本最小化为目标，求导可得。

$$P_s Y_s = \theta_s PY \tag{3.3}$$

P_s 表示细分行业产出 Y_s 的价格，并且最终产出价格 $P \equiv \prod_{s=1}^{S} (P_s/\theta_s)^{\theta_s}$，为了便于分析，我们将最终产出价格标准化为 1 单位，$P = 1$。

假定细分行业 s 是垄断竞争行业，行业包括 N_s 个企业，行业层面的产出是由所有企业产出 CES 技术加总得到，σ 是产出替代弹性。

$$Y_s = \left(\sum_{i=1}^{N_s} Y_{si}^{\frac{\sigma-1}{\sigma}} \right)^{\frac{\sigma}{\sigma-1}} \tag{3.4}$$

厂商生产差异化产品，产出函数是 Cobb – Douglas 形式，但是与 HK 模型不同的是，本书在产出函数里面进一步考虑了人力资本，并且重点考察人力资本配置（错配）对 *TFP* 的影响，函数形式如下。

$$Y_{si} = A_{si} K_{si}^{\alpha_s} L_{si}^{\beta_s} H_{si}^{\gamma_s} \tag{3.5}$$

Y_{si} 是企业产出，K_{si} 表示资本投入，L_{si} 表示劳动投入，H_{si} 表示人力资本，生产规模报酬不变，$\alpha_s + \beta_s + \gamma_s = 1$，并且，在同一产业内部，企业的要素产出份额是一样的，但是产业间，要素产出份额存在差异。此外，厂商在产品市场垄断竞争（因为产品存在差异），而在要素市场是完全竞争。

生产过程包括三种投入：资本、劳动、人力资本，但是我们只考虑产出扭曲和人力资本扭曲①，利润最大化目标函数如下。

$$\pi_{si} = (1 - \tau_{Ysi}) P_{si} Y_{si} - w^L L_{si} - r K_{si} - (1 + \tau_{Hsi}) w^H H_{si} \tag{3.6}$$

通过厂商利润最大化一阶条件，资本、劳动、人力资本的边际收益产品满足如下关系。

$$MRPL_{si} = \beta \frac{\sigma - 1}{\sigma} \frac{P_{si} Y_{si}}{L_{si}} = \frac{1}{1 - \tau_{si}^Y} w^L \tag{3.7}$$

$$MRPK_{si} = \alpha \frac{\sigma - 1}{\sigma} \frac{P_{si} Y_{si}}{K_{si}} = \frac{1}{1 - \tau_{si}^Y} r \tag{3.8}$$

$$MRPH_{si} = \gamma \frac{\sigma - 1}{\sigma} \frac{P_{si} Y_{si}}{H_{si}} = \frac{1 + \tau_{Hsi}}{1 - \tau_{Ysi}} w^H \tag{3.9}$$

式（3.7）~式（3.9）分别说明，劳动、资本、人力资本的边际收益产品分别是劳动工资、资本利息、人力资本价格的加成。根据 HK 模型的做法，我们进一步推导收益型全要素生产率的表达式。

$$TFPR_{si} = P_{si} TFPQ_{si} = P_{si} A_{si} = \frac{P_{si} Y_{si}}{K_{si}^{\alpha_s} L_{si}^{\beta_s} H_{si}^{\gamma_s}} = \frac{\sigma}{\sigma - 1} \left(\frac{r}{\alpha_s}\right)^{\alpha_s} \left(\frac{w^L}{\beta_s}\right)^{\beta_s} \left(\frac{w^H}{\gamma_s}\right)^{\gamma_s} \frac{(1 + \tau_{Hsi})^{\gamma_s}}{1 - \tau_{si}^Y}$$

$$\tag{3.10}$$

因此，对于单个企业而言，产出扭曲、人力资本扭曲越大，劳动、资本、人力资本的边际收益产品越高，进而有较高的名义全要素生产率（*TFPR*）。

接下来，我们将企业层面的 *TFP* 加总到行业层面，并且重点考察行业层面的人力资本错配与 *TFP* 损失的关系。行业层面 *TFP* 是行业产出减去行业要素投入的"余值"，可以表示为 $TFP_s = Y_s / K_s^{\alpha_s} L_s^{\beta_s} H_s^{\gamma_s}$，并且 $K_s = \sum_i K_{si}$，$L_s = \sum_i L_{si}$，$H_s = \sum_i H_{si}$。由此，我们得到行业 *TFP* 的表达式。

---

① 资源错配方面的文献把扭曲 τ_{Ysi}、τ_{Hsi} 称为楔子。

$$TFP_s = \frac{1}{P_s}\frac{P_sY_s}{K_s^{\alpha_s}L_s^{\beta_s}H_s^{\gamma_s}} = \frac{\overline{TFPR_s}}{P_s} = \frac{\overline{TFPR_s}}{(\sum_{i=1}^{N_s}P_{si}^{1-\sigma})^{\frac{1}{1-\sigma}}}$$

$$= \frac{\overline{TFPR_s}}{\left[\sum_{i=1}^{N_s}\left(\frac{TFPR_{si}}{A_{si}}\right)^{1-\sigma}\right]^{\frac{1}{1-\sigma}}} = \left[\sum_{i=1}^{N_s}\left(A_{si}\frac{\overline{TFPR_s}}{TFPR_{si}}\right)^{\sigma-1}\right]^{\frac{1}{\sigma-1}} \quad (3.11)$$

假设 A_{si}、$MRPL_{si}$、$MRPK_{si}$、$MRPH_{si}$ 服从联合正态分布，意味着 $TFPR_{si}$ 也服从联合正态分布（Hsieh and Klenow，2009；龚关、胡关亮，2013；刘柏惠等，2019），对式（3.11）取对数，可得 TFP 对数表达式。

$$\ln TFP_s = \frac{1}{\sigma-1}\ln(\sum_{i=1}^{N_s}A_{si}^{\sigma-1}) - \frac{\sigma}{2}\text{var}(\ln TFPR_{si}) \quad (3.12)$$

我们发现，企业 $TFPR_{si}$ 离散程度越高，意味着资源错配越严重，行业 TFP 就越低。并且随着弹性 σ 增加，这一负向关系显著性增强。

考虑一个完全理想化经济体，不存在市场扭曲，没有资源错配，此时，$\overline{TFPR_s} = TFPR_{si}$，因此理想状态下行业 TFP 的表达式如下：

$$TFP_s^* = (\sum_{i=1}^{N_s}A_{si}^{1-\sigma})^{\frac{1}{1-\sigma}} \quad (3.13)$$

进一步，参考陈诗一、陈登科（2017），我们将资源配置定义成潜在生产率对数与实际生产率对数之差，具体含义是，如果消除扭曲，那么行业全要素生产率可以实现多大程度的提升。

$$D = \ln\left[\frac{TFP_s^*}{TFP_s}\right] \quad (3.14)$$

至此，本书的理论分析与谢长泰和克雷诺（2009）、刘柏惠等（2019）基本一致。接下来，本书将重点分析人力资本配置对 TFP 的影响。如果人力资本配置扭曲与其他类型扭曲独立或者正相关，那么人力资本配置扭曲越严重，行业 TFP 损失就会越大，这是本书实证分析金融业—制造业间人才配置和企业家活动配置对全要素生产率影响的共同基础。

3.2.2 人才资源的生产性配置—非生产性配置与国家兴衰

奥尔森在《国家兴衰探源：经济增长、滞胀与社会僵化》从分利部门

（对应本书提出的非生产性配置）的视角解释国家富裕或者贫穷的根源，并且讨论分利集团对社会经济的影响机制。比较有代表性的是，像行会、卡塔尔等分利集团通过扭曲资源资源配置，降低生产性活动的劳动报酬，提高非生产性活动的回报，由此损害经济增长。英国是这方面的典型，比如初级律师垄断房产转让业务中的法律事务，高级律师垄断诉讼案件的法律顾问专门权利，律师行业吸引大量人力资本并且逐渐形成数量众多的各种行会。而在印度，种姓等级制度具有与分利集团同样的行为，人力资源的职业选择主要取决于外生的种姓而不是内生的个体劳动生产率，因此抑制了经济增长。

我们借鉴奥尔森的理论目的是，说明生产性行业是"做蛋糕"的部门，但是如果社会中聪明的大脑都想从事"分蛋糕"的工作，甚至倾向于从事具有攫取特征的"抢瓷器"行为①，那么就会造成"做蛋糕"的人力资本逐渐减少，结果就只能是"蛋糕"越做越小。因此，奥尔森的理论与实体经济—虚拟经济间人才配置有一定相似。其中一个例子是，奥尔森把每十万人口的律师人数作为参考指标（因为对律师的需求可能表明法规变得更加烦琐以及分利集团活动范围扩大），然后以经济增长率作为被解释变量线性回归，发现两者存在显著的负向关系。

过度的非生产性配置或者分利集团大量存在是国家逐渐衰落的根源。对于当前中国经济而言，如果金融业不是发挥服务实体经济的功能，而是作为分利部门或者投机逐利部门，并且社会精英倾向于金融投机活动，那么经济增长可能积累重大风险。具体路径是，非生产性配置具有排他特征，且具有较高的私人收益，同时会降低生产创新的相对报酬，提高法律、政治和官僚主义进行讨价还价等活动的相对回报，实体行业和非实体行业之间资源配置扭曲，因此损害经济社会长期增长。

具体结合中国当前人才配置偏向非实体行业的现实特征，受过良好教育的劳动力（比如大学生群体）在职业选择的时候首选具有垄断特征的金融业，又或者制造业企业家热衷于金融投机。这种广泛存在的"金融热"现

---

① 奥尔森的表述是，在瓷器商店争抢瓷器，一部分人虽然可以多拿一些，但还会同时打碎一些原本可以分到手的瓷器，"抢瓷器"行为比"分蛋糕"更具攫取性。

象——优秀人才期望进入具有垄断特征的非实体行业，反映出人才劳动力的"前置寻租"倾向，也反映出非生产性努力的潜在回报较高，可能通过市场环境影响经济增长。非生产性配置的后果是，金融业破坏了实体经济与虚拟经济和谐发展所依赖的合理配置，更重要的是，对实体经济产生显著的负外部性。以金融业、房地产业、博彩业、收藏业等为代表的非实体行业由于具有一定程度的垄断特征，利润周期比实体生产取得正常收益的周期更短，因此可以给投机逐利者或者寻租者带来货币收益，然而不能够创造供居民消费的产品，所以人才资源（包括企业家活动）过度偏向这些行业不利于物质产出的增长，而且过度的非生产性配置会挤占大量本来可以配置到生产性领域的智力资源。

当然，奥尔森的理论与本书也有所区别。人才资源（包括企业家活动）的生产性配置—非生产性配置是通过影响供给对国家兴衰产生作用，而奥尔森认为分利集团主要是影响需求产生负向作用。在生产端，非生产性人力资本由于可以攫取垄断租金而得到较高的回报，生产性人力资本获得正常报酬，扭曲的报酬结构引起人力资本的生产性配置和非生产性配置逐渐失衡，实体生产部门技术创新效率受到损失，并且技术扩散速率降低，社会真实产出减少，最后导致经济衰退和萧条。

此外，阿西莫格鲁在奥尔森的基础上往前推进了一步，提出了包容性制度和攫取性制度的概念。包容性制度是国家持久繁荣的必要条件，但不是充分条件，因为国民经济是否繁荣显然同时会受其他因素影响；而攫取性制度是国家衰落的充分条件，因为在这种制度下，非生产性配置成为常态，投机逐利者害怕自身既得利益受损，因此阻碍生产创新活动，对长期经济增长产生重大负向影响。从攫取性制度转向实体经济—虚拟经济共容的包容性体系，明确金融服务实体经济的基本定位，最重要的是，引导生产性努力配置到实体生产部门，让制造业成为科技创新最活跃的部门。奥尔森及后续学者的研究为本书讨论人才资源（包括企业家活动）的生产性配置—非生产性配置问题奠定了理论基础。

3.3　企业全要素生产率计算方法

假设企业生产函数满足 Cobb – Douglas 形式，Y_{it} 表示产出，K_{it} 是资本，L_{it} 是劳动，为了估计全要素生产率 A_{it}，我们要先估计出 β_K 和 β_L。

$$Y_{it} = A_{it} K_{it}^{\beta_K} L_{it}^{\beta_L} \tag{3.15}$$

将式（3.15）取对数，可得：

$$y_{it} = \beta_k k_{it} + \beta_l l_{it} + \varepsilon_{it} \tag{3.16}$$

此时，tfp_{it} 隐藏在了扰动项里面，如果直接进行 OLS 回归，由于解释变量和扰动项之间存在相关性，无法得到有效一致估计量。为了解决这一问题，学者们分别尝试使用工具变量和固定效应的方法，但是结果均不理想。

结构方程的思路是，将扰动项拆分成两部分，即 $\varepsilon_{it} = w_{it} + \mu_{it}$，其中，$w_{it}$ 是与 k_{it}、l_{it} 相关的部分（可预测的冲击），比如机器故障导致的预期停工时间、产出的预期缺陷率，w_{it} 就是我们感兴趣的生产率；μ_{it} 是与 k_{it}、l_{it} 不相关的部分（不可预测的冲击，比如机器故障导致的预期停工时间、产出的预期缺陷率），比如企业无法预料的偏差，μ_{it} 是真正的残差。通过将扰动项分解之后，式（3.16）可以写成：

$$y_{it} = \beta_k k_{it} + \beta_l l_{it} + w_{it} + \mu_{it} \tag{3.17}$$

此时，如果要准确估计 β_k 以及 β_l，关键就在于处理 w_{it} 与 k_{it}、l_{it} 的相关性。接下来，在介绍 OP、LP、ACF 的思路之前，我们先归纳三者的共同假设：第一，生产率冲击服从一阶马尔科夫过程；第二，代理变量与生产率之间是严格单调的函数关系。

奥利和佩克斯（Olley and Pakes，1996）认为，劳动投入是静态投入，利润最大化条件下，可以通过一阶求导得到的最优劳动投入。

$$\pi(k_{it}, w_{it}, j_{it}) = P_t \times Y_{it} - P_{lt} \times L_{it} - P_{kt} \times K_{it} \tag{3.18}$$

其中，j_{it} 是企业决策时用到的外部信息，其他字母的含义与生产函数常用字母的含义相同。此时，最优劳动投入满足 $\dfrac{\partial \pi(k_{it}, w_{it}, j_{it})}{\partial L_{it}} = 0$，可得，劳动是资本、生产率的函数，并且这一结论在后续的推导中还将被使用。

$$l_{it} = l(k_{it}, \ w_{it}) \tag{3.19}$$

其次，资本是动态投入，企业通过改变投资来影响资本存量，永续盘存法计算资本存量的公式如下。

$$K_{t+1} = (1 - \delta)K_t + I_t \tag{3.20}$$

当期的资本存量对后续的利润会产生影响，Bellman 方程如下：

$$\begin{aligned} V(k_{it}, \ w_{it}, \ j_{it}) = \max\{ &\pi(k_{it}, \ w_{it}, \ j_{it}) - C(i_{it}) \\ &+ \rho E[V(k_{i,t+1}, \ w_{i,t+1}, \ j_{i,t+1}/k_{it}, \ w_{it}, \ j_{it}, \ I_{it})]\} \end{aligned} \tag{3.21}$$

其中，$C(i_{it})$ 是当期投资成本，后一部分是 $t+1$ 期折现。由此，根据资本动态投入的最优条件得出的最重要的结论是，投资是资本和生产率的函数。

$$i_{it} = f_t(w_{it}, \ k_{it}) \tag{3.22}$$

奥利和佩克斯（1996）假定投资和生产率存在单调关系，从而可以根据投资求逆解出生产率，因此，OP 使用投资作为生产率的代理变量。

$$w_{it} = w(i_{it}, \ k_{it}) \tag{3.23}$$

因此，Cobb – Douglas 生产函数可以表达成两部分。

$$y_{it} = \beta_k k_{it} + \beta_l l_{it} + w(i_{it}, \ k_{it}) + \mu_{it} = \beta_l l_{it} + \Phi_{it}(i_{it}, \ k_{it}) + \mu_{it} \tag{3.24}$$

其中，$\Phi_{it}(i_{it}, \ k_{it}) = \beta_k k_{it} + w(i_{it}, \ k_{it})$，但是 Φ 的具体表达形式仍然是"黑箱"。奥利和佩克斯（1996）将生产率从扰动项分离出来以后，解释变量和扰动项不存在相关性，从而解决了内生性问题。此时，可以分两步分别估计 β_l、β_k。

第一步，先通过 OLS 得到 β_l 的一致无偏估计量，并且拟合 $\tilde{\Phi}_{it}$。

第二步，估计 β_k 需要进一步结合生产率遵循一阶马尔可夫过程的假定，即下一期的生产率只与当期的生产率相关。

$$w_{it} = E\left[\frac{w_{it}}{w_{it-1}}\right] + \zeta_{it} = g[w_{it-1}] + \zeta_{it} \tag{3.25}$$

其中，$g[w_{it-1}]$ 是期望生产率函数，ζ_{it} 是实际生产率对期望生产率的偏离，并且 ζ_{it} 独立于 t 期以前的任何变量，因此，式（3.26）成立。

$$E\left[\frac{\zeta_{it}}{k_{it-1}, \ i_{it-1}}\right] = E\left[\frac{\zeta_{it}}{(1-\delta)}k_{it-1} + i_{it-1}\right] = E\left[\frac{\zeta_{it}}{k_{it}}\right] = 0 \tag{3.26}$$

由此，ζ_{it} 与 k_{it} 不相关，$E[\zeta_{it}k_{it}]=0$，式（3.27）是识别 β_k 的矩条件。

$$\min \frac{1}{T}\frac{1}{N}\sum_t\sum_i \zeta_{it}(\beta_k)\cdot k_{it} \tag{3.27}$$

T 是时期数，N 是企业个数，k_{it} 可以通过永续盘存法计算（或者使用固定资产净值），因此，ζ_{it} 是 β_k 的函数。在具体计算过程中，先根据第一步估计 β_l 的结果可以得到 $\tilde{\Phi}_{it}$，$w_{it}(\beta_k)=\tilde{\Phi}_{it}-\beta_k k_{it}$，同时根据一阶马尔可夫假定，$w_{it}=h(w_{it-1})+\zeta_{it}$，用 w_{it} 对 w_{it-1} 进行非参数估计，所得残差就是 $\zeta_{it}(\tilde{\beta}_k)$。最后将 $\zeta_{it}(\tilde{\beta}_k)$ 代入求最小值的目标函数就可以求出 $\tilde{\beta}_k$。因此，当 $\tilde{\beta}_l$、$\tilde{\beta}_k$ 都估计出来以后，计算 TFP 的公式如下：

$$w_{it}=\tilde{\Phi}_{it}-\tilde{\beta}_k k_{it} \tag{3.28}$$

此外，值得一提的是，奥利和佩克斯（1996）特别考虑了样本选择偏误问题。基本逻辑是，生产率高的企业更有可能存活，并且生产率越高的企业越倾向于追加资本投入，由此导致 w_{it} 和 k_{it} 相关。此时，第一步 β_l 不受影响，但是第二步 β_k 会受到影响，原因在于，如果不考虑样本选择，估计 β_k 用到的矩条件是 $E[\zeta_{it},\ k_{it}]=0$。但是，如果考虑样本选择问题，一阶马尔可夫过程表达式有变化，具体如下：

$$w_{it}=E[w_{it}/w_{it-1},\ survivor=1]+\zeta_{it} \tag{3.29}$$

奥利和佩克斯（1996）进一步假定，只有当生产率 w_{it} 大于某一临界水平，企业才会继续经营，否则就会退出市场，临界生产率是 $\underline{w}_{it}$。

$$E[w_{it}/w_{it-1},\ w_{it}\geq\underline{w}_{it}]=\varphi(w_{it-1},\ \underline{w}_{it}) \tag{3.30}$$

为了进一步求解，需要把临界生产率 $\underline{w}_{it}$ 用已知参数表达。为此，建立 probit 概率模型，$probit[survivor=1/w_{it-1},\ I_{t-1}]=probit[w_{it}\geq\underline{w}_{it}/w_{it-1},\ I_{t-1}]=\psi_{t-1}(\underline{w}_{it},\ w_{it-1})$，其中，$I_{it-1}$ 是 $t-1$ 期除 w_{it-1} 以外的所有其他信息。求逆解出概率模型，得到临界生产率。

$$\underline{w}_{it}=\Psi_{it-1}^{-1}(w_{it-1},\ probit) \tag{3.31}$$

其中，当期生存概率 $probit$ 可以使用 $t-1$ 的信息（比如资本、劳动、企业年龄等）预测。因此，将临界生产率的表达式代入企业生存或退出的条件。

$$\begin{aligned}E[w_{it}/w_{it-1},\ survivor=1]&=\varphi(w_{it-1},\ \underline{w}_{it})=\varphi[w_{it-1},\ \Psi_{it-1}^{-1}(w_{it-1},\ probit)]\\&=g(w_{it-1}\cdot probit)\end{aligned} \tag{3.32}$$

通过对比考虑样本选择问题的结果和不考虑这一问题的结果，我们发现，考虑样本选择问题的一阶马尔可夫表达式多了一项，即 $t-1$ 期对 t 期企业存活的概率预测值。最后，继续使用 $E[\zeta_{it}, k_{it}]=0$ 的矩条件估计 β_k，从而计算 TFP。

接下来我们用包含中间投入的科布道格拉斯形式生产函数，同样也是将残差项分解成两部分，一部分是与投入相关的生产率，另一部分是真正的残差项。LP 和 ACF 实证模型如下，所有变量都是取对数形式。

$$y_{it}=\beta_0+\beta_l l_{it}+\beta_m m_{it}+\beta_k k_{it}+\mu_{it} \tag{3.33}$$

误差项 $\mu_{it}=\omega_{it}+\varepsilon_{it}$，其中 ω_{it} 表示与投入相关的生产率冲击，ε_{it} 表示真正的残差项，与投入不相关。LP 方法假设 $m_{it}=m_t(\omega_{it}, k_{it})$，且 m_{it} 是 ω_{it} 的严格递增函数。反解出 $\omega_{it}=\omega_t(m_{it}, k_{it})$，将结果代入回归模型。

$$y_{it}=\beta_0+\beta_l l_{it}+\beta_m m_{it}+\beta_k k_{it}+\omega_t(m_{it}, k_{it})+\varepsilon_{it}=\beta_l l_{it}+\phi(m_{it}, k_{it})+\varepsilon_{it}$$
$$\tag{3.34}$$

同 OP 估计原理类似，此时已经不存在内生性问题，可以先用 OLS 估计得到 $\hat{\beta}_l$，用多项式（默认是三次多项式）拟合 $\hat{\phi}$。生产率 $\omega_{it}=\hat{\phi}(m_{it}, k_{it})-\beta_0-\beta_k k_{it}-\beta_m m_{it}$，接下来，运用生产率一阶马尔科夫过程假设 $\omega_{it}=E(\omega_{it}|\omega_{it-1})+\xi_{it}=g_t(\omega_{it-1})+\xi_{it}$，矩条件 $E[\xi_{it}m_{it-1}]=0$，联立求解 $\hat{\beta}_k$ 和 $\hat{\beta}_m$，进而预测生产率。

阿克伯格等（Ackerberg et al., 2015）认为 LP 方法存在共线性问题（functional dependence），并且在特定情况下 LP 方法得到的估计量与真实值偏差较大。一方面是共线性问题，因为 LP 方法假定劳动和中间投入都是非动态投入，$m_{it}=f_t(k_{it}, \omega_{it})$，$l_{it}=h_t(k_{it}, \omega_{it})$，反解出 $\omega_{it}=f_t^{-1}(k_{it}, m_{it})$，再代入 $l_{it}=h_t(k_{it}, \omega_{it})$，最终得 $l_{it}=h_t(k_{it}, f_t^{-1}(k_{it}, m_{it}))=\tilde{h}_t(k_{it}, m_{it})$，也就是说 l_{it} 是 k_{it} 和 m_{it} 的函数，从而判定存在共线性问题。另一方面，当中间投入存在比较严重的测量误差时，蒙特卡洛模拟的结果显示，ACF 估计结果始终在真实值附近变动，而 LP 估计值偏离真实值较远，因此，ACF 估计结果比 LP 估计结果更加稳健。

ACF 的思路是，第一阶段用来逼近多项式，第二阶段用矩条件估计系数并计算生产率。假定企业在 $t-1$ 期决策 k_{it}，在 $t-b(0<b<1)$ 时期决策 l_{it}，

在 t 期决策 m_{it}，这一假定在建立矩条件时用得上。中间投入 $m_{it} = m_t(\omega_{it},\ l_{it},\ k_{it})$，由于标量不可观测，反解求出 ω_{it}，$\omega_{it} = \omega_t(m_{it},\ l_{it},\ k_{it})$，代入计量模型。

$$y_{it} = \beta_0 + \beta_l l_{it} + \beta_k k_{it} + \omega_t(l_{it},\ m_{it},\ k_{it}) + \varepsilon_{it} = \phi(l_{it},\ m_{it},\ k_{it}) + \varepsilon_{it}$$

$$(3.35)$$

首先，用多项式（默认是三次）拟合得到 $\hat{\phi}$，$\omega_{it} = \hat{\phi}(l_{it},\ m_{it},\ k_{it}) - \beta_l l_{it} - \beta_k k_{it} - \beta_0$。其次，运用生产率一阶马尔科夫过程假设 $\omega_{it} = E(\omega_{it} \mid \omega_{it-1}) + \xi_{it} = g_t(\omega_{it-1}) + \xi_{it}$，求得 ε_{it} 的解析解。再建立矩条件 $E\left[\begin{pmatrix}\varepsilon_{it}\\\varepsilon_{it}\end{pmatrix} \otimes \begin{pmatrix}l_{it-1}\\k_{it}\end{pmatrix}\right] = 0$，最后使用 GMM 估计 $\hat{\beta}_l$ 和 $\hat{\beta}_k$，由此计算全要素生产率。

在具体的处理过程中，OP 方法采用投资作为生产率的代理变量，并且解释变量中必须要建立企业退出变量（见表 3-6）。OP 方法使用投资作为代理变量产生的问题就是，当企业的投资等于零时将无法估计企业的生产率，从而损失样本。LP 方法选择中间投入作为生产率的代理变量，ACF 方法则解决了因为劳动和其他变量共线性导致的估计偏误问题。

表 3-6   半参数估计方法、相应解释变量及主要特点

方法	解释变量	特点
OP	退出变量，自由变量，代理变量，状态变量	可以考虑企业进入或退出决策，但是要求企业投资数据完整性较好
LP	自由变量，代理变量，资本变量	要求企业中间投入数据完整性较好
ACF	自由变量，代理变量，状态变量	估计更有效率，避免共线性问题

资料来源：作者整理。

3.4 本 章 小 结

本章的目的是全面梳理制造业全要素生产率、实体行业与非实体行业人才配置的典型事实，厘清人力资本配置影响全要素生产率的理论基础，同时

分析人才资源的生产性配置和非生产性配置对国家兴衰的重要影响，明确企业全要素生产率计算方法，为进一步开展实证研究提供事实、理论和方法的依据。本章的主要发现如下。

第一，基本事实方面，首先，从统计相关性来看，中国制造业全要素生产率增速大约相当于社会总产出增速的 1/3，并且全要素生产率存在进一步提升的空间；其次，中国实体行业（特别是制造业）缺少的是优秀的人力资本，而不是物质资本。行业间相对垄断程度的差异扭曲了劳动报酬与劳动生产率之间的关系，报酬结构的扭曲导致高人力资本群体偏向虚拟经济，以及实体生产行业人力资本流失。

第二，理论方面，首先，一个拓展的 HK 模型表明，当人力资本扭曲与其他类型扭曲独立或者正相关时，人力资本配置扭曲越严重，全要素生产率损失就会越大；其次，人才资源的生产性配置和非生产性配置与国家兴衰紧密联系，生产性配置是国家持久繁荣的必要条件。

第三，方法层面，使用 ACF、LP、OP 方法可以处理联立性偏差以及样本选择偏误，更准确测度企业全要素生产率，这是后文实证的基本前提。

第 4 章 金融业—制造业间人才配置与制造业企业全要素生产率[①]

自从 2001 年中国政府实施人才强国战略以来，人才逐渐成为驱动经济增长的主要动力之一，《中国人才资源统计报告》数据显示，2012 年人才资源对中国经济增长的贡献率是 29.8%。但更令人感兴趣的是，中国的人才资源在非生产性的虚拟行业和生产性的实体行业之间是不是已经实现最优配置？特别是有学者发表观点，近些年由于各种内外部因素，人才配置显示出一定程度的"脱实向虚"倾向，并且对实体经济产生了显著的影响（厉以宁，2017；黄群慧，2017；刘志彪，2018）。此外，还有大量研究资料表明，中国通过普及高等教育形成的人力资本并没有沉淀到以制造业为代表的实体部门（中国经济增长前沿课题组，2014；纪雯雯、赖德胜，2018；李飚、孟大虎，2019）。并且根据全国 1% 人口抽样调查数据，2005 年和 2015 年制造业就业人员平均受教育年限分别是 9.37 年、10.26 年，初中学历人员占比分别是 55.83%、52.42%，受过高等教育的人口占比分别是 6.38%、12.07%。面对当前的人才配置现状，我们不禁要问，会不会是实体经济本身对高学历人才的需求较少？但事实上，实体部门人才需求远远大于供给，以制造业为例，《制造业人才发展规划指南》明确提出，到 2020 年新一代信息技术产业、电力装备、农机装备的人才缺口预计分别达到 750 万人、411 万人、16.9 万人，并且到 2020 年制造业整体就业人口平均受教育年限提高到 11 年以上。

中国丰富的人力资本主要集中在非生产性的虚拟部门而不是生产性的实

---

① 特别感谢国家统计局—清华大学数据开发中心为本书的研究提供翔实数据。

体部门，当实体部门智力外流逐渐成为中国经济"不可承受之重"时，人才误配置产生的社会成本可能是灾难性的（李世刚、尹恒，2014）。中国金融业人力资本强度是美国金融业人力资本强度的 2 倍左右，而中国制造业人力资本强度只有美国制造业人力资本强度的 6% 左右。如果以美国作为参照系，那么很显然中国人力资本在金融业和制造业的分布是扭曲的。人才配置过度偏向虚拟部门产生的社会成本主要包括两方面：一是加剧中国经济"脱实向虚"的重大风险（周彬、谢佳松，2018；魏后凯、王颂吉，2019），而这与中央明确提出的"打好防范化解重大风险攻坚战"的目标是相违背的；二是社会精英寻租的代价（李晓敏、卢现祥，2010；李世刚、尹恒，2014；李世刚、尹恒，2017；李世刚等，2016），社会创造性大脑不从事生产性的创新活动将损害经济增长。如果对寻租活动做广义的理解，人才配置偏向金融业可以看作受过良好教育的人力资本显示出来寻租倾向和期望，因此有学者把"金融热"解释为一种"前置寻租"现象（李晓敏，2017）。

金融业—制造业是分析虚拟经济部门和实体经济部门人才配置问题的重要视角（黄群慧，2017；李飚、孟大虎，2019）。根据全国 1% 人口抽样调查数据，2005 年金融业—制造业人均受教育年限之比是 1.37，全国 283 个建制市有 278 个城市金融业就业人员平均受教育年限大于制造业员工平均受教育年限。由此，本书感兴趣的是人才配置是否已经过度偏向了金融业？如果是，人才配置会对全要素生产率产生怎样的影响？由于我们关注的是人才配置对全要素生产率的影响，而不是人才配置影响全要素生产率的原因，因此本书的经验研究属于事后检验。既有文献讨论人才配置主要从政府—企业的角度展开（Murphy et al., 1991；李世刚、尹恒，2014；2017；李静、楠玉，2019），然而根据上述分析，当前中国人才配置出现了新的转变，出现了体制内的就业人口下海经商的现象。因此，除了公共管理部门（政府），金融部门等"以钱生钱"的虚拟行业成为高人力资本群体偏好的职业选择，而这恰恰是学术研究和政策制定应当重视的问题。基于上述分析，本书将构建地级市金融业—制造业人才配置指标，探索人才配置与制造业全要素生产率的关系，并借助国家统计局—清华大学数据开发中心提供的人口调查数据实证检验人才配置是否过度偏向金融业及其影响，提出相应的政策建议。

在进行详细讨论之前，我们有必要考虑清楚几个问题。

（1）金融业和制造业是否具备可比性？根据《中国统计年鉴》，从行业增加值来看，2013～2016 年制造业增加值大约是金融业增加值的 3～4 倍，从就业人口数量来看，2013～2016 年制造业就业人数大约是金融业就业人数的 7～10 倍，因此有必要阐述清楚两者是否具备统计层面和经济学层面可比性。

本书认为制造业和金融业具有可比性，理由如下：第一，根据国家统计局发布的国民经济行业分类标准，制造业和金融业都是属于相同等级的行业大类；第二，核心 X 是平均数，理论上，变量被平均化处理后，行业的绝对规模大小已经不再重要；第三，制造业是最狭义层面的实体经济，而金融业是非实体经济部门的代表性行业，参考黄群慧（2017），因此，可以理解为本书是基于"制造业—金融业"的角度讨论实体部门和虚拟部门的关系；第四，如果聚焦从事研发创新的就业人口，结论依然是人才配置偏向金融业，此外，在稳健性检验部分，我们从流量角度分析，用人才配置增量部分对 TFP 增长做回归，主要结论依然稳健；第五，实证分析中被解释变量 Y 是制造业全口径 TFP，我们没有办法区分出专业技术人员在 TFP 中的贡献，因此核心 X 人才配置也应当使用全口径的就业人口平均受教育年限；第六，如果抽取一部分制造业行业与金融业比，比如高技术制造业（研发创新强度较高的行业），进行分样本回归，基本结论依然成立；第七，有文献也采用了直接比较金融业—制造业的做法，比如中国经济增长前沿课题组（2014），还有文献比较金融—实体经济，比如赵昌文、朱鸿鸣（2015）。事实上，制造业的绝对规模大于金融业的绝对规模，但是制造业却"招才引智"比较困难，这恰恰反映了加快实体经济创新转型的紧迫性和必要性，而这正是本书关注的核心话题。

（2）样本时期是 2000～2013 年，当前已经是 2022 年，然而中国经济每一年都经历翻天覆地的变化，从时效性来看，数据相对陈旧，未必可以反映当下中国经济面临的现实问题。但采用这一时期样本的主要原因有两点。第一，由于本书计算 TFP 使用的是中国工业企业数据库，但是这个数据库目前只更新到 2013 年，因此在基准回归里面我们只使用 2000 年、2005 年、2010

年人才配置数据。但是，我们已经通过国家统计局—清华大学数据开发中心申请获得 2015 年 1% 人口抽样调查数据，为了最大化数据使用效率，本书使用 2015 年人才配置数据进行单独检验。第二，我们发现，2015 年金融业行业门槛比较明显，按照本书构建的人才配置指标，变量的变动将完全来源于制造业就业人口受教育年限，核心 X 的测度偏差可能会对因果识别造成影响。第三，许多文献仍然在使用截至 2013 年的中国工业企业数据库，比如尹恒、李世刚（2019）等，由于研究结论具有一般性，因此，不会因为样本期间变化，研究结论就不再成立。

4.1　理论模型与研究假设

人力资本包括数量和质量两个维度，人力资本的数量是指掌握一定技能的劳动力规模，而人力资本的质量是指劳动力所掌握技能的复杂程度，人力资本的数量和质量都非常重要，而本书侧重的是质量维度。文献的通常做法以是否接受过高等教育来区分人力资本和劳动要素，大专及以上学历的劳动力是人力资本，人力资本具有一定的创新能力，而高中及高中以下学历的劳动力是劳动要素（纪雯雯、赖德胜，2018）。尽管中国通过普及高等教育的方式使得人力资本的质量明显改善，但是解决好高质量人力资源有效配置问题尤其重要，因为人才配置会影响国家创新能力，从而对全要素生产率产生影响。

就具体影响机制而言，以墨菲（Murphy）、鲍莫尔（Baumol）、阿西莫格鲁（Acemoglu）为代表的学者，他们认为高人力资本群体过度偏向非生产性垄断部门是为了寻租获利，当社会精英表现出强烈的寻租倾向和期望时，市场秩序会被扰乱，导致经济增长绩效变差。举个简单的例子，假定修建水库的目的是为了使有限的水资源更有效地灌溉下游的农业，进而提高农业产出。但是在资源配置环节，需要一部分劳动力承担水库运营工作，将水库所蓄之水在下游河道乃至水库自身中进行配置。合理的人力资本配置到水库可以调剂水资源分配，使灌溉更为合理。但是，如果水库由于其垄断地位存在大量超额收益，大量具备创新能力的人力资本期望进入水库运营行业，甚至吸引下游从事灌溉的人力资本也加入水库运营工作，最终导致从事实体生产的人力资本过少，物质产出逐渐降低。

理论部分回答的是，人才配置和全要素生产率究竟是简单的线性关系还是非线性关系？人才资源在金融业—制造业的最优配置比？为了使问题更加清晰，本节重点分析以全要素生产率最大化为目标的最优人才配置问题。假设一个两部门经济体包括实体经济部门和虚拟经济部门，经济体以全要素生产率最大化为目标。为了简化分析，我们具体以制造业作为实体经济部门的代表性行业，以金融业作为虚拟经济部门的代表性行业。制造业的竞争相对充分，而金融业具有垄断部门的特征，如果人力资本过度配置到金融业，那么这反映出在金融业就业的人力资本具有一定的寻租倾向（李晓敏，2017；纪雯雯、赖德胜，2018）。

理论上，人力资本进入金融业或者制造业都可能提高全要素生产率。在一定范围内，人力资本沉淀到金融业有利于金融创新，满足经济增长的资本需求，从而促进全要素生产率提升（陆江源、张平、袁富华、傅春杨，2018）；而人力资本沉淀到制造业可以直接提高生产性部门的研发创新能力，以此提高全要素生产率（纪雯雯、赖德胜，2018）。因此，如果以全要素生产率最大化为目标，那么人力资本在金融业和制造业之间的最优配置取决于人力资本在行业间配置的边际生产率。下面通过模型进行阐述。

假设社会总产出满足拓展的索罗模型，规模收益不变。

$$Y = AK^{\alpha}(hL)^{\gamma}L^{1-\alpha-\gamma} \tag{4.1}$$

其中，Y 是社会总产出，A 是外生给定技术水平，K^{α} 是物质资本存量，h 是人均人力资本，$L^{1-\alpha-\gamma}$ 是劳动力人数。此时，全要素生产率取决于生产技术、社会平均人力资本以及人力资本的产出份额。

$$TFP = \frac{Y}{K^{\alpha}L^{1-\alpha}} = Ah^{\gamma} \tag{4.2}$$

接下来，我们考虑人才配置与全要素生产率的关系。在一定范围内，人力资本进入金融业或者制造业都可以提高社会平均产出，但是边际产出递减。

$$y = k^{\alpha}\left[Ah_m^{\gamma}\right]^{1-T}h_f^{\mu T} \tag{4.3}$$

其中，y 表示人均产出，k^α 表示人均物质资本，T 是调节变量，经济学含义是人力资本配置扭曲程度，T 值越大，产出损失越严重，h_m^γ 表示制造业人力资本，$h_f^{\mu T}$ 表示金融业人力资本。社会总人力资本存量给定，目标函数是全要素生产率最大。

$$\frac{\partial TFP}{\partial h_m} = 0 \tag{4.4}$$

人才最优配置应当满足如下条件。

$$\varphi^* = \frac{h_f^*}{h_m^*} = \frac{\mu T}{\gamma(1-T)} \tag{4.5}$$

理论分析表明，人力资本在金融业—制造业之间存在最优配置 φ^*，并且人才配置对全要素生产率的影响是非线性的。当实际人力资本过度偏向金融业时，$\varphi > \varphi^*$，反映出高人力资本群体从事非生产性活动甚至寻租的倾向和期望，如果把过度配置到金融业的高质量的人力资本转移到制造业，将会实现全要素生产率提升。基于以上分析，本书提出如下假设。

假设 4.1：人才配置对全要素生产率存在显著的非线性影响，并且两者呈现倒"U"形关系，以全要素生产率最大化为目标，人才在实体经济和虚拟经济之间存在最优配置比。

假设 4.2：人才配置过度偏向了金融部门，并且对全要素生产率产生负向影响，改善金融业—制造业人才配置将具有显著的生产率增长效应。

假设 4.3：制造业细分行业人力资本强度存在差异，理论上，人才配置对高技术制造业、先进制造业和传统制造业的影响应当具有非对称性。

4.2　模型设定与数据处理

根据现有经济数据的描述性统计，人才配置很可能偏向非生产性的金融业并且反映出高人力资本群体的寻租倾向与期望。因此在实证部分，我们感兴趣的问题在于，当前阶段中国的人才配置究竟是否过度偏向了金融业，金融业—制造业间人才配置对制造业全要素生产率产生怎样的影响，人才配置的生产率增长效应有多大。此外，制造业内部也存在明显的异质性，比如各个细分行业人力资本强度就存在差异，因此人才配置对高技术制造业、先进制造业以及传统制造业的影响应当具有非对称性。

4.2.1　模型设定

理论分析表明，金融业—制造业人才配置会对制造业全要素生产率产生影响，并且这种作用关系是非线性的。为此，本书构建如下实证模型。

$$\ln TFP_{ijd} = \beta_0 + \beta_1 avedu\_fm_i + \beta_2 (avedu\_fm_i)^2 + \beta_4 X'_i + \varepsilon_{ijd} \qquad (4.6)$$

其中，下标 i、j、d 分别表示 i 城市、j 行业、d 企业，核心解释变量是人才配置（$avedu\_fm_i$）及其平方项（$avedu\_fm_i$）^{2}，回归模型加入人才配置二次项，原因在于，理论分析得出金融业—制造业人才配置存在最优比例，并且人才配置对全要素生产率具有非线性特征，我们预期二次项系数显著。本书采用行业人均受教育年限衡量人力资本，用 i 城市金融业—制造业就业人口平均受教育年限之比衡量人才配置，比值越大表明人才配置越集中在金融业，被解释变量是企业全要素生产率。此外，由于本书考察的是城市层面的人才配置对企业全要素生产率的影响，为了避免城市内部企业之间的相关性对回归系数显著性产生干扰，我们将标准误聚类（cluster）到城市层面。

参照既有文献的做法，本书的控制变量包括城市特征和企业特征，城市变量包括经济发展水平、产业结构、人力资本（用在校生人数衡量）、实际使用外资、是否省会城市、是否计划单列市，企业变量包括注册类型、规模（从业人员对数）、资本密度（固定资产/从业人员），这些控制变量既与人才配置相关，同时又会影响企业全要素生产率，是必须控制的遗漏变量。β_1 和 β_2 的正负号和显著性是本书关注的重点，根据 β_1 和 β_2 可以得到人才配置与全要素生产率的关系，如果 β_2 显著为负，那就说明金融业—制造业人才配置与 *TFP* 之间呈倒"U"形关系。此外，我们还可以计算出金融业—制造业人才配置的最优配置比，从而判断人才配置是否过度偏向金融业。

4.2.2　数据处理与指标构建

1. 全要素生产率

本书使用中国工业企业数据库计算全要素生产率，基准回归使用 ACF 方法计算 *TFP*，为了检验结果的稳健性，我们还使用 LP 方法和 Wooldridge 方法（Wooldridge，2009）计算 *TFP*。具体来说，本书对中国工业企业数据库的处理过程如下。

第一步，样本匹配。参考布兰德（Brandt，2012）序贯识别匹配法构建非平衡面板数据，先用法人代码识别同一家企业，如果法人代码不能匹配，则依次使用企业名称、地区、电话代码、行业、开业年份、乡镇、产品1。保留在 2000~2004 年、2005~2009 年、2010~2013 年三个时间区间至少连续出现 3 年的样本。

第二步，处理异常值问题。（1）剔除员工人数小于 8 人的样本；（2）剔除明显不符合逻辑的样本，具体是删除工业总产值、工业增加值、中间投入合计、固定资产、平均工资、应交所得税、应交增值税、折旧任意一项小于 0 的样本；（3）剔除不符合会计原理的样本，比如总资产小于固定资产净值；（4）剔除规模以下样本，具体是指 2000~2010 年营业收入小于 500 万元的非国有样本，2011~2013 年营业收入小于 2 000 万元的非国有样本。

第三步，数据修复。工业增加值、工业总产值、中间投入等关键指标存在不同程度的缺损，因此，数据处理的前期工作非常重要的内容就是数据修复。以工业增加值为例，工业增加值 2001 年、2004 年、2008 年、2009 年、2011~2013 年数据缺失。首先，我们参照陈诗一（2011）的生产法公式修复 2001 年工业增加值，计算公式是，工业增加值 = 工业总产值 - 工业中间投入 + 应缴增值税。接下来，我们参照陈诗一（2011）的收入法公式修复 2004 年、2011~2013 年的工业增加值，工业增加值 = 固定资产折旧 + 劳动者报酬 + 生产税净额 + 营业盈余，在实际操作过程中，生产税净额可能缺失，此时，可以依据会计准则补齐缺失值，具体公式是，生产税净额 = 应交增值税 + 营业税金及附加 - 生产补贴。需要说明的是，因为没有办法修复 2008 年和 2009 年固定资产折旧数据，所以工业增加值 2008

年和 2009 年的数据缺失。

　　企业的产出指标是工业增加值（工业总产值），投入分别是劳动、资本（中间投入），具体来说，我们用从业人数表示劳动，用固定资产净值表示资本，中间投入来源于企业填报的中间投入合计项，由此可以得到产出（Y）、劳动（L）、资本（K）和中间投入（M）的名义值，本书分别使用工业品出厂价格指数、固定资产投资价格指数、原材料、燃料和动力购进价格指数将产出（Y）、资本（K）和中间投入（M）折算成 2010 年可比价。计算得到投入产出真实值后，我们使用 ACF 方法计算企业 TFP 作为基准回归的被解释变量。

2. 人才配置

　　微观个体人均受教育年限数据分别来源于 2000 年、2005 年、2010 年历次全国人口普查（以下简称大普）或者全国 1% 人口抽样调查（以下简称小普）。经过系统抽样，2000 年、2005 年、2010 年数据分别包括人记录 11 804 344 条、2 585 481 条、1 267 381 条。核心解释变量人才配置使用金融业—制造业就业人口平均受教育年限来衡量（李世刚、尹恒，2017；蒋为、梅鹤轩、吴昱霖，2019），这个指标本质上是一个以就业人口为权重的加权平均，计算公式如式（4.7），下标 i 表示城市，s 表示个体。由于本书关注的是就业人口，因此我们保留 16～60 岁男性样本和 16～55 岁女性样本。

$$avedu\_fm_i = \frac{\sum_i finance_{is} \times edu_{is} / \sum_i finance_{is}}{\sum_i manufacture_{is} \times edu_{is} / \sum_i manufacture_{is}} \qquad (4.7)$$

　　受教育程度。选项 1 表示未上过学，选项 2 表示小学，选项 3 表示初中，选项 4 表示高中，选项 5 表示大学专科，选项 6 表示大学本科，选项 7 表示研究生及以上。我们分别对未上过学样本赋值 0，对小学样本赋值 6，对初中样本赋值 9，对高中样本赋值 12，对大学专科样本赋值 15，对大学本科样本赋值 16，对研究生及以上的样本赋值 19。

　　职业分类。人口普查问卷调查了微观个体的行业信息[①]，依据国家统计

---

　　① 如果个体同时从事两种或两种以上行业，则按从业时间最长的为从事的主要行业；如果每种行业的从业时间大体相同，则按收入最多的行业为从事的行业。

局制定的行业分类及代码可以对应个体从事的行业类型。具体而言，金融业包括银行业、证券业、保险业和其他金融活动，制造业具体是指国民经济行业分类中两位数代码从 13～43 的 30 个细分行业。

基于上述分析，我们可以计算全国地级市金融业和制造业就业人员人均受教育年限，并且得到地级市人才配置变量。在内生性讨论中，本书将使用相同的方法重新计算全国地级市房地产业—制造业人才配置。

3. 控制变量

本书的控制变量包括地级市特征和企业层面控制变量，所有的控制变量都是平均值。地级市特征数据来源于《中国城市统计年鉴》，具体包括样本期初始年份人均 GDP、第二产业占比、第三产业占比、城市高校数量、高校在校生人数、实际使用外资、是否为省会城市、是否为计划单列市，企业控制变量数据来源于中国工业企业数据库，具体包括注册类型、企业规模（从业人员对数）、资本密度（固定资产/从业人员）。

需要做进一步说明的是，本书人才配置变量分别采用 2000 年、2005 年和 2010 年三年数据，而被解释变量和控制变量是 2000～2013 年分时间段的均值。本书采取这种做法的原因是，人才配置对经济增长的影响具有连续性和长期性，如果采用当年的人才配置对当年的 TFP 进行回归，那么实证所使用的数据信息过于单一，可能会损失掉一部分信息。并且，为了检验特定年份人才配置数据究竟是否能够反映对应样本期各地区的人才配置情况，本书参照李世刚和尹恒（2017）的思路，首先将样本分成三组，然后计算各组金融业—制造业人均受教育年限之比的相关系数。以 2010 年数据为例，16～30 岁样本和 31～45 岁样本人才配置相关系数是 0.53，31～45 岁样本和 46～60 岁样本人才配置相关系数是 0.36，而 15 年的考察期远远大于本书采用的 5 年样本期。其次，本书还计算了 2000 年、2005 年和 2010 年各地区金融业—制造业人才配置的相关系数，2000 年人才配置和 2005 年人才配置相关系数是 0.49，2005 年人才配置和 2010 年人才配置相关系数是 0.41。基于上述两方面分析，人才配置在代际之间有很强的相关性，因此，我们使用 2000 年人才配置数据反映 2000～2004 年人才配置、使用 2005 年人才配置数据反映 2005～2009 年人才配置、使用 2010 年人才配置数据反映 2010～2013 年人才配置的做法具有一定的可行性①。

表4-1给出了主要变量的描述性统计。被解释变量是制造业企业 TFP，本书先计算出中国工业企业数据库2000~2013年所有企业每一年 TFP，再把样本分为2000~2004年、2005~2009年、2010~2013年三个时间段，计算相应时间段内每家企业的 TFP 均值，得到257 402个观测作为被解释变量，被解释变量的均值为4.496。核心解释变量是地级市人才配置，由于城市层面是平衡面板数据，共有257个建制市，平均来看，金融业—制造业人均受教育年限之比是1.328。我们发现，整个样本期只有4个地级市金融业与制造业就业人员平均受教育年限比值小于1，比值最小的三个城市是东营（0.91）、德州（0.92）、漯河（0.96），而比值最大的三个城市是拉萨（2.46）、宁德（1.87）、六安（1.76），这六个城市属于相对欠发达的地区。因此，地级市人才配置符合一般认知。此外，样本中广州和深圳两个一线城市金融业—制造业就业人口平均受教育年限的比值分别是1.35和1.37。

表4-1　　　　　　　　　　　　变量描述性统计

	Mean	N	min	St. Dev	max
企业 TFP（对数）	4.496	257 402	-4.745	0.902	10.588
地级市金融业—制造业人才配置	1.328	766	0.906	0.141	2.464
城市层面控制变量					
人均 GDP（对数）	9.532	761	7.733	0.841	11.8
第二产业占比（%）	48.848	768	16.02	10.88	89.084
第三产业占比（%）	35.853	768	10.434	7.9	70.186
高校数量	6.553	766	0	10.837	79.2
城市高校在校生人数（对数）	10.063	752	4.099	1.435	13.75
FDI（对数）	9.394	759	3.466	1.769	14.014
省会城市	0.105	770	0	0.307	1
计划单列市	0.019	770	0	0.138	1

① 为了检验结果的稳健性，我们还使用2000年、2005年、2010年当年对当年的数据进行回归。

续表

	Mean	N	min	St. Dev	max
企业层面控制变量					
规模（从业人数对数）	5.045	277 029	2.079	1.016	11.835
资本密度（固定资产/从业人数）	83.836	276 904	0	380.058	77 744.87
注册类型	177.306	277 027	110	51.752	390

注：平衡面板数据，包含 257 个建制市，不含直辖市、自治州、盟、地区。

4.3　实证结果与讨论

基于上述分析，我们使用历年全国人口普查或者 1% 人口抽样调查数据构建地级市金融业—制造业人才配置指标，利用中国工业企业数据库计算企业全要素生产率，在控制一系列城市特征和企业控制变量后进行回归。实证结果包括三部分内容：首先是基准回归结果；其次是稳健性检验，本书将分别通过潜在遗漏变量问题、反向因果、核心解释变量测度误差、安慰剂检验证明结果具有稳健性；最后是异质性讨论，把样本分为高技术制造业、先进制造业和传统制造业，考察人才配置对全要素生产率的异质性影响。

4.3.1　基准结果

本章考察人才资源在制造业—金融业间配置对全要素生产率的影响，为了表明实证结果的稳健性，我们分别添加城市控制变量和企业控制变量，地级市特征变量包括城市经济发展水平、人力资本存量、产业结构、对外开放程度，企业特征变量包括企业注册类型、规模（从业人员对数）、资本密度（固定资产/从业人员），这些变量与人才配置相关，并且会影响到全要素生产率，是必须控制的变量。此外，我们还控制了年份固定效应，吸收年份特征对估计的影响，比如当年经济政策变动，进而缓解了随时间变化但不随个体变化的潜在因素对回归结果产生的影响。

表 4-2 报告了人才配置影响全要素生产率的基准回归结果。回归（1）

的结果显示，在不考虑其他因素但是允许同一城市不同企业之间存在相关性（聚类到城市）时，人才配置平方项前面的系数显著为负，说明人才配置与全要素生产率存在显著的非线性关系，且二次型曲线开口朝下。随后本书分别加入城市特征变量和企业特征变量，控制城市固定效应和年份固定效应，再进行回归，结果如回归（2）所示。我们发现回归（1）、回归（2）核心解释变量的符号是一致的，并且金融业—制造业人才配置平方项系数在5%水平下显著，人才配置一次项的系数绝对值下降了，所有系数至少在10%水平显著，倒"U"形关系仍然成立。因此，如果不考虑企业特征和城市特征，容易高估最优人才配置（即拐点右移）。

表 4 – 2   基准回归（2000～2010 年）

变量	（1）	（2）
	ln*tfp_acf_add*	ln*tfp_acf_add*
金融业—制造业人才配置	5.576 ** （2.535）	2.051 * （1.206）
人才配置平方项	− 1.773 ** （0.8885）	− 0.876 ** （0.438）
城市层面控制变量	NO	YES
企业层面控制变量	NO	YES
城市固定效应	NO	YES
年份固定效应	NO	YES
常数项	0.236 （1.801）	0.416 （1.071）
Observations	256 996	255 568
地级市数量	257	257
R-squared	0.012	0.205

注：括号内为聚类稳健标准误，聚类层级城市；＊、＊＊分别表示显著性水平为10%、5%。

根据基准回归结果以及图4 – 1，金融业—制造业人才配置比例的拐点为1.17，在其他条件保持不变的情况下，如果人才配置有效率，那么全要素生产率可以继续增长 2. 18%①。本书认为，对于中国的经济体量来说，这一结果具有经济显著性，因为白重恩、张琼（2015）发现，1978～2007 年中国全要素生产率增速只有 3. 9%。

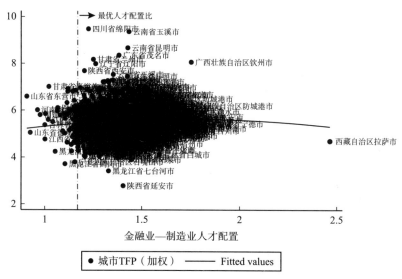

图 4 – 1　人才配置与全要素生产率的倒"U"形关系

此外，有必要强调标准误聚类问题，本书的被解释变量是企业层面全要素生产率，核心解释变量是城市层面人才配置，为了证明核心解释变量系数的显著性具备可信性和可靠性，我们使用的是聚类标准误（cluster-robust standard errors）。

由于基准回归使用 Ackerberg – Caves – Frazer（ACF）方法计算全要素生产率做回归。为了检验结果稳健性，我们再分别使用 Levinsohn – Petrin（LP）方法、Wooldridge（2009）方法计算全要素生产率，然后再进行回归。结果如表 4 – 3 所示，稳健性检验回归结果与基准回归是一致的，从而结果具有稳健性。

---

① 计算方法是用理论上最优的 $\ln TFP^*$ 减去实际的 $\ln TFP$。

表 4 - 3　　　　　　　　　　　　稳健性检验（一）

变量	(1)	(2)
	ln*tfp_lp_add*	ln*tfp_wrdg_add*
金融业—制造业人才配置	2.057 * (1.144)	2.046 * (1.150)
人才配置平方项	-0.891 ** (0.418)	-0.885 ** (0.419)
城市层面控制变量	YES	YES
企业层面控制变量	YES	YES
城市固定效应	YES	YES
年份固定效应	YES	YES
常数项	0.421 (1.025)	0.412 (1.030)
Observations	255 568	255 568
地级市数量	257	257
R-squared	0.323	0.372

注：括号内为聚类稳健标准误，聚类层级城市；*、** 分别表示显著性水平为 10%、5%。

　　在基准回归，我们以人力资本存量作为核心解释变量分析人才配置是否过度偏向金融业及其对全要素生产率水平的影响。但是基准回归可能受到产业发展阶段的影响，具体来说，由于受到重工业优先发展战略的影响，20 世纪 70~80 年代农业和工业吸纳了大多数的就业，而这一期间的就业人口受教育程度普遍较低，并且这部分人口在行业间的流动性较。而金融业的起步时间相对较晚，并且刚好赶上教育普及化，因此金融业表现出较丰富的平均人力资本。

　　与生产率水平值相似，生产率增长主要来自高人力资本群体的创新，因此人力资本增量对全要素生产率的影响同样敏感。基于这一考虑，本书采用人才配置增量对全要素生产率增量做回归，检验结果的稳健性（见表 4 - 4）。基本逻辑是，如果新增的人力资本流量过度偏向金融业，那么制造业全要素生产率增长率会降低。由于我们已经证明，人才配置过度偏向了金融业，因此全要素生产率增量对人才配置增量回归，核心 X 的系数应当显著为负。回归结果如表 4 - 4 所示，验证了基本结论的稳健性。

表 4 - 4　　　　　　　　　　　　稳健性检验（二）

变量	(1)	(2)
	TFP 增长率	*TFP* 增长率
人才配置增长率	- 0. 124 *** (0. 0308)	- 0. 0626 ** (0. 0284)
城市控制变量增长率	NO	YES
企业控制变量增长率	NO	YES
常数项	0. 317 *** (0. 0439)	0. 202 *** (0. 0428)
Observations	20 404	20 052
R-squared	0. 009	0. 037

注：括号内为聚类稳健标准误，聚类层级城市；** 、*** 分别表示显著性水平为5% 和1% 。

4.3.2　内生性讨论

1. 潜在遗漏变量问题

尽管本书控制了城市固定效应和年份固定效应，但是估计结果仍然有可能受到其他不可观测因素的影响，特别是不可观测变量可能随城市变化而变化或者随年份变化而变化。李世刚、尹恒（2017）把同时影响个人职业选择和经济增长的因素归纳为经济、政治、文化三大因素，本书将逐一对此分析。首先是政治因素。由于本书使用的是中国地级市数据，控制变量包括了城市固定效应，如果我们接受同一城市内部的企业面临相同的政治环境这一假设，那么就可以认为本书已经控制了政治因素。其次是经济因素。个体进行职业选择的时候，首先会考虑的因素是经济报酬，经济报酬与城市经济状况高度相关。在一个经济发达并且金融业比重高的城市，金融业就业机会多，工资待遇高，人才资源更有可能进入金融业。在基准回归中，我们控制了城市人均 GDP、第二产业占比、第三产业占比，因此，本书已经控制主要的城市经济因素。

最有可能遗漏的是文化因素。邵宜航等（2018）考虑在其他条件一样的情况下，政府职位比企业职位可以获得更高的社会评价。类似地，我们考虑这样一种情况，个体在决策的时候，如果金融业和制造业经济报酬相同，但是进入金融行业更有面子，那么这也可能造成人才配置偏向金融业。比如人们通常认为从事金融业是到写字楼上班，而从事制造业是到车间生产一线上班，前者比后者更具有挑战性，在经济回报无差异的情况下，从事金融业更加体现了个人能力。并且，就业文化可能通过其他渠道（比如通过个体思维影响市场环境）影响到生产率，此时，遗漏就业文化因素将造成估计偏误，本书将对此进行解释。

为了证明就业文化遗漏变量不会影响基本结论，本书采用已经控制的可观测变量评估就业文化潜在遗漏变量的影响（Nunn and Wantchekon，2011）。基本思路是，假定两个回归方程，一个回归是只包含受约束控制变量的回归，另一个是加入所有控制变量的回归。第一个回归得到核心解释变量的估计系数记为 $\hat{\beta}^R$，表示受限控制变量回归估计系数。第二个回归得到核心解释变量的估计系数记为 $\hat{\beta}^F$，接下来计算统计量 $\dfrac{\hat{\beta}^F}{(\hat{\beta}^R-\hat{\beta}^F)}$。统计量具有直观的含义，一方面，分母 $\beta^R-\beta^F$ 越小意味着 β^R 和 β^F 数值大小越接近，说明只包含受约束控制变量回归结果和加入所有控制变量的回归结果很接近，遗漏变量对回归结果的影响非常有限；另一方面，分子 β^F 越大说明即便是加入了更多控制变量，核心解释变量的系数依然比较大，证明潜在遗漏变量的影响比较小。因此 $\dfrac{\hat{\beta}^F}{(\hat{\beta}^R-\hat{\beta}^F)}$ 比值越大说明结果越稳健，原因在于，潜在遗漏变量对被解释变量的影响至少要达到可观测变量对被解释变量影响的 $\dfrac{\hat{\beta}^F}{(\hat{\beta}^R-\hat{\beta}^F)}$ 倍数才能推翻基准结果。

如表 4-5 所示，受约束控制组不加任何控制变量，全控制变量组包括两组，一组是基准回归的控制变量，另一组是进一步考虑了可能被遗漏的就业文化因素，我们用与本市所在省份其他地级市金融业—制造业就业人员受教育年限之比来衡量就业文化，这样做的理由是，同一省级行政区很有可能拥有相似的就业文化。表 4-5 报告了相应的计算结果，加入就业文化作为控制变量，$\beta^F = -0.879$，$\beta^R = -1.177$，我们计算得到比率值分别是 2.91 和 2.95。这说明，如果被遗漏的就业文化因素要影响到基准回归结果的可靠性，那么这种不可观测因素的作用至少要达到已经控制的可观测因素的 3 倍左右。基于上述分析，我们间接推断不太可能存在这样的遗漏因素。

表 4-5　　　利用可观测变量估计潜在遗漏变量（就业文化）的影响

受约束控制组	全控制变量组	比率值
不加控制变量	基准回归全部控制变量	2.91
不加控制变量	全部控制变量、就业文化	2.95

资料来源：作者计算。

2. 人为设定行业门槛导致核心解释变量测度偏差

对基准回归结果的另一个担忧来自核心解释变量测度可能存在偏差，因为金融业—制造业人才配置可能包含行业进入门槛噪声因素，造成核心解释变量测量误差的原因可能是行业进入门槛差异。通常来说，劳动力进入金融业通常需要满足基本的学历门槛，而劳动力进入制造业（研发部门除外）的门槛比较低。如果是由于金融业进入门槛导致不同地区就业人员平均受教育水平差异极小，此时，核心解释变量（人才配置）的变动完全来源于制造业从业人员受教育年限的差异，而不是人才在金融业—制造业配置的差异。因此，本书计算了金融业和制造业就业人员平均受教育年限的标准误，计算发现，金融业从业人员平均受教育年限标准误是 2.60，制造业从业人员平均受教育年限标准误 2.62（见表 4-6）。基于此，各地区金融业就业人口平均受教育年限的差异与制造业就业人口平均受教育年限的差异相当，核心指标平均受教育年限比值能够体现人才在金融业—制造业间的配置差异。同时，值得重视的是，2015 年的数据表明金融业就业人员平均受教育年限标准差是 2.56，小于制造业就业人员平均受教育年限标准差 2.74。这表明，金融业的行业就业门槛变得显著，因此后续的相关研究应当充分注意到这一点。

表 4 - 6   金融业和制造业就业的行业门槛

行业	就业人口受教育年限平均值	就业人口受教育年限标准误
金融业	13. 77	2. 60
制造业	9. 82	2. 62

资料来源：作者整理。

3. 核心解释变量会不会反映的是其他因素

核心解释变量可能反映的是就业的城乡区位因素。根据 2010 年全国人口普查数据提供的就业人口在城市—乡镇的空间分布信息，金融部门大约有 75. 50% 的就业是在城市，而制造业只有 44. 96% 的就业处于城市。通常来说，受过良好教育的劳动力可能更加偏好在城市就业，因为城市具有更加完善的公共服务和更良好的就业环境等。由于金融部门主要集中在城市，而制造部门大多数分布在乡镇，受到就业区位因素的影响，人力资本更加偏好到金融部门就业。为了检验核心解释变量反映的会不会是城乡区位差异，我们使用城市就业人口进行回归，结果依然稳健（见表 4 - 7）。

表 4 - 7   城市样本回归结果 （2010 年）

变量	（1）	（2）
	ln*tfp_acf_add*	ln*tfp_acf_add*
金融业—制造业人才配置	2. 995 * （1. 624）	2. 531 * （1. 449）
人才配置平方项	- 1. 442 ** （0. 647）	- 1. 238 ** （0. 570）
城市层面控制变量	YES	YES
企业层面控制变量	NO	YES

变量	（1）	（2）
	ln*tfp_acf_add*	ln*tfp_acf_add*
常数项	3. 274 *** （1. 136）	2. 197 ** （1. 066）
Observations	42 539	42 537
地级市数量	257	257
R-squared	0. 014	0. 109

注：括号内为聚类稳健标准误，聚类层级城市；＊、＊＊、＊＊＊分别表示显著性水平为10%、5%和1%。

4. 反向因果：制造业企业全要素生产率影响金融业—制造业间人才配置

可能存在这样的情况，不是因为人才配置偏向金融业影响了制造业企业全要素生产率，而是因为制造业企业本身全要素生产率水平较低，导致人才配置流向金融业。原因在于，职业选择依赖于微观个体的自主决策，对于受过良好教育的劳动力而言，如果选择进入金融业或者制造业的决策是因为受到制造业全要素生产率的影响，那么基准回归结果将面临反向因果的造成估计偏误问题。对于这一问题，劳动力职业选择更有可能是基于当前所在城市所在行业的经济发展水平做出判断。在经济发展水平较高的地区，在金融部门工作相对稳定且相对收入较高，因此高人力资本群体更偏好进入金融业。为了检验这一猜想，我们描绘了人才配置与城市人均 GDP 的散点图及拟合曲线（见图4-2），可以发现，人才配置与人均 GDP 呈正向关系，相关系数是0.28。这一结果在一定程度上验证了我们的猜测。因此，在所有的回归中，我们已经控制经济发展水平和产业结构，这一做法在一定程度上可以缓解部分内生性问题。

但是，受过良好教育的微观个体也有可能根据预期来选择行业。如果预期金融业发展更好，个体就会选择进入金融业就业，并且我们并不能判断OLS 回归究竟是高估还是低估人才配置对全要素生产率的影响，因为如果一个城市依靠的是生产创新精神和实体部门的发展，那么人均 GDP 较高意味着实体部门可以提供更多的就业机会和更高的收入，此时，高人力资本群体会

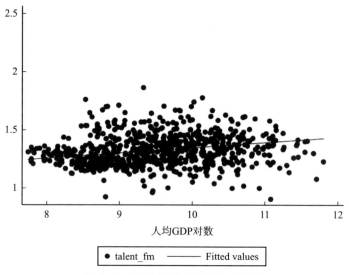

图 4 - 2　经济发展水平与人才配置

更倾向于选择制造业。然而，如果一个城市依靠的是金融、房地产、博彩等"以钱生钱"的虚拟经济，那么，人均 GDP 较高意味着虚拟部门有更多的机会和更高的收入，此时，人力资本会更加偏向金融业。总的来看，OLS 结果可能上偏也可能下偏。

　　前定变量可以在一定程度避免反向因果的内生性问题（李世刚、尹恒，2017；王启超等，2020）。因此，如果按照年份进行分年份回归，使得人才配置数据具有前定特征，那么就可以缓解个体根据预期选择金融业或者制造业带来的内生性问题。以 2000 年数据为例，我们使用 2000 年人口普查数据计算全国 257 个地级市人才配置数据，对于 2000～2004 年的全要素生产率而言，2000 年的人才配置属于前定变量。根据表 4 - 8，我们发现，按年份回归进一步验证了基准回归的结果，二次项系数显著为负，一次项系数显著为正，表明人才配置与中国制造 *TFP* 呈倒"U"形关系仍然成立。当然，每一年金融业—制造业的最优人才配置比会有明显变化，但并不影响结论。

表 4 - 8　　　　　　　　　　　　分年份回归

变量	2000 年	2005 年	2010 年
	ln*tfp_acf_add*	ln*tfp_acf_add*	ln*tfp_acf_add*
金融业—制造业人才配置	4. 459 *** (0. 590)	1. 151 *** (0. 295)	4. 508 *** (0. 564)
人才配置平方项	− 1. 885 *** (0. 235)	− 0. 669 *** (0. 102)	− 1. 944 *** (0. 203)
城市层面控制变量	YES	YES	YES
企业层面控制变量	YES	YES	YES
常数项	− 0. 0883 (0. 373)	4. 504 *** (0. 224)	1. 197 *** (0. 400)
地级市数量	257	257	257
Observations	117 909	94 956	42 703
R-squared	0. 107	0. 092	0. 115

注：括号内为聚类稳健标准误；*** 表示显著性水平为 1% 。

5. 安慰剂检验

由于本书只有三年数据，基准回归结果的系数及显著性可能是由于统计上的偶然因素造成的，为了排除结论的偶然性，本书进行随机排序安慰剂检验[①]。安慰剂检验的逻辑是，如果基准结果是偶然的，那么当采用随机排序的人才配置回归时，核心解释变量的系数应当仍然显著。因此，当我们观察到安慰剂检验结果不再显著时，证明主要结论具有稳健性。具体操作是，将城市层面人才配置数据打乱顺序随机分配，并且根据随机分配的人才配置数据计算相应的二次项，其他变量保持不变，然后再采用同样的方法对随机排序的样本进行检验。我们总共重复进行了 200 次检验，得到 200 次回归的估计系数和 *t* 值（显著性）。

根据直方图（见图 4 - 3），我们发现，安慰剂检验回归结果不再显著。

---

① 有研究采用过这种方式进行安慰剂检验，比如沈坤荣、金刚、方娴（2017）以及方明月、孙鲲鹏（2019）。

核心解释变量（人才配置一次项及平方项）t 值大于等于 1.96（5% 显著水平的临界值）的频率占 4%（8/200），即绝大多数 t 值都没有达到 5% 的显著性水平。这就说，如果把城市层面人才配置随机分配进行回归，那么估计系数就不再显著。并且 200 次回归人才配置一次项系数的平均值是 -0.007，人才配置平方项系数的平均值是 0.003，两者在数值上都接近 0，估计结果不具备统计显著性和经济显著性。因此安慰剂检验表明基准回归结果不是统计因素偶然产生，基准回归结果可靠，人才配置对全要素生产率有显著影响。

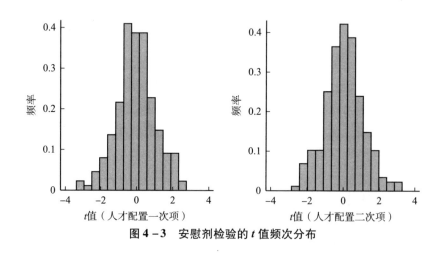

图 4-3　安慰剂检验的 t 值频次分布

4.3.3　异质性讨论：高技术制造业、先进制造业和传统制造业的差异

本书异质性分析部分将把制造业样本区分为高技术制造业、先进制造业和传统制造业[1]，分别构建金融业—（高技术）制造业、金融业—（先进）制造业、金融业—（传统）制造业人才配置指标进行回归，这样做的理由是，可以区分人才配置偏向金融业的异质性影响，并且还可以通过观察不同分组核心解释变量的估计结果，验证结果的稳健性。理论上，高技术制造业和先进制造业是典型的资本密集型行业，研发创新强度高，对人力资本的依赖性

---

[1]　高技术制造业和先进制造业之间有交集。

比较大，因此，人才配置对高技术制造业、先进制造业以及传统制造业的影响会呈现出非对称特征。本书对高技术制造业样本、先进制造业、传统制造业分样本进行回归，回归结果如表4-9所示。

表4-9　　　　　　　　　　　　　分样本回归结果

变量	（1）高技术制造业	（2）先进制造业	（3）传统制造业
	ln*tfp_acf_add*	ln*tfp_acf_add*	ln*tfp_acf_add*
金融业—（分样本）制造业人才配置	2.203 ** (1.078)	2.148 * (1.176)	1.542 (1.279)
人才配置平方项	-0.910 ** (0.397)	-0.884 ** (0.436)	-0.688 (0.469)
城市层面控制变量	YES	YES	YES
企业层面控制变量	YES	YES	YES
城市固定效应	YES	YES	YES
年份固定效应	YES	YES	YES
常数项	-0.291 (1.129)	-0.0534 (1.149)	0.490 (1.177)
Observations	65 320	91 784	104 550
R-squared	0.223	0.233	0.211

注：括号内为聚类稳健标准误，聚类层级城市；* 、** 分别表示显著性水平为10%、5%。

我们发现，无论是对于高技术制造业、先进制造业还是传统制造业，基准结果仍然稳健，人才配置与全要素生产率的倒"U"形关系成立。区别在于，高技术制造业和先进制造业估计系数的符号与基准回归高度一致，传统制造业估计系数的符号虽然也是一致，但并不显著。此外，高技术制造业的拐点左移，人才配置过度偏向金融业对高技术制造业产生显著负向影响。我们还发现，金融业—（高技术）制造业人才配置的实际值是1.35，说明高技术制造业人才配置不足的困境极其显著，改善人才配置可以为高技术制造业带来巨大的"生产率红利"，表现在高技术制造业全要素生产率将显著提升。对于先进制造业样本，我们发现，先进制造业的情况与高技术制造业基本一致，人才配置与全要素生产率呈现显著的倒"U"形关系，如果人才配置继续偏向金融业，那么这将进一步损害先进制造业全要素生产率。

其次，对于传统制造业样本，我们发现，人力资本配置不足显著降低了传统制造业全要素生产率，但这种负向影响的显著性低于高技术制造业和先进制造业。我们认为，上述回归结果表明，当前中国传统制造业仍然是以重复加工为主的典型劳动密集型行业，因为传统制造业人才配置的拐点最小（为1.12），人力资本配置不足最先对传统制造业产生冲击，但是这种负向影响的作用并不太显著。因此，传统制造业的创新转型已经势在必行。

基于上述分析，我们发现，人才配置偏向金融业对高技术制造业、先进制造业和传统制造业的影响存在显著差异。就当前阶段来说，人才配置过度偏向金融业，高技术制造业、先进制造业将首先受到显著伤害，而传统制造业也会受到影响，但这种负面影响的显著性低于高技术制造业和先进制造业。我们认为，造成这一区别的原因很可能是三者发展阶段的差异。中国要建设制造强国，发展具备"高精尖"技术的高技术制造业和先进制造业体系，必须依靠更高质量的人力资本，而对于传统制造业，亟须依靠人力资本实现创新转型。

4.4　思想实验：对 2015 年人才配置数据的单独检验

基准回归使用2000年、2005年和2010年的数据构建面板数据模型，本节将对2015年人才配置的数据进行单独检验。首先，根据国家统计局—清华大学数据开发中心提供的2015年全国1%人口抽样调查数据，核心解释变量金融业与制造业人才配置比是1.39。其次，计算全要素生产率使用的样本是中国工业企业数据库2010~2013年持续存活的制造业企业，共有58 489个观测值。

下面以思想实验的方式进行单独检验，考虑平衡增长路径这样一种比较特殊的情况，全要素生产率增长率等于GDP增速的1/3，从前面章节总结的基本事实来看，这样的近似估计不会太离谱。由此可以得到2015年企业全要素生产率截面数据，再结合2015年1%人口抽样的金融业—制造业人才配置数据和企业层面控制变量，并且与相应的城市控制变量进行匹配，最终构建思想实验的回归样本，检验人才配置偏向金融业对全要素生产率的影响。

通过回归分析，我们发现，人才配置过度偏向金融业更加显著，人才配置与全要素生产率的倒"U"形关系变成负向的线性关系，核心解释变量二次项不显著，但一次项显著（见表4-10）。由此说明，配置到金融业的人力资本过多，因此在思想实验考虑的情形下做回归识别的是倒"U"形曲线右侧的负向关系。

表4-10　　　　　　　　　　　　　单独检验的回归结果

变量	(1)	(2)
	ln*tfp_adj*	ln*tfp_adj*
人才配置	-2.184** (0.895)	-0.774*** (0.0621)
人才配置二次项	0.504 (0.316)	
城市控制变量	YES	YES
企业控制变量	YES	YES
Constant	7.148*** (0.644)	6.185*** (0.199)
Observations	28 729	28 729
R-squared	0.045	0.045

注：括号内为聚类稳健标准误；**、***分别表示显著性水平为5%和1%。

此外，我们还发现，2015年的单独检验表明，金融业显示出一定的行业门槛。从就业人口个体信息看，金融业就业人口平均受教育年限标准差（2.56）小于制造业就业人口平均受教育年限标准差（2.74），金融业的行业就业门槛逐渐显著，在这种情况下，核心解释变量的波动（variation）主要来自制造业，这也可能是导致人才配置二次项系数不显著的原因。

4.5　本 章 小 结

本书讨论了人才配置过度偏向金融业会对制造业全要素生产率的产生显著的负面影响，优化生产部门和非生产部门间人力资本配置，让创造性大脑做强实体经济，提升制造业全要素生产率，以强大的制造业产业体系推动中国经济高质量发展。理论研究发现，人才配置对全要素生产率具有显著的非线性影响，并且人力资本在金融业—制造业之间存在最优配置比。当人才配置过度偏向金融业时，如果把高质量的人力资本转移到制造业将促进全要素生产率显著提升。实证分析最基本的发现是，人才配置过度偏向金融业，并且显著降低了制造业全要素生产率，从全国样本来看，人才配置与全要素生产率呈现倒"U"形关系，金融业—制造业人才最优配置比是1.17，因此制造业人力资本至少应当达到金融业人力资本的85.47%。对于当前中国经济来说，人才配置过度偏向了金融业并且显著降低了制造业全要素生产率。上述结论考虑了潜在遗漏变量、反向因果、行业门槛造成核心解释变量测量误差等问题，进行安慰剂检验，结果依然稳健。在其他条件不变的情况下，通过改善人才配置可以进一步使得全要素生产率继续增长2.7%，考虑到中国经济的体量，这一发现具有经济显著性。本书还发现，人才配置偏向金融业对高技术制造业、先进制造业和传统制造业的影响具有显著差异，对于高技术制造业和先进制造业，人才配置与全要素生产率呈现显著倒"U"形关系，人才配置拐点左移，高技术制造业和先进制造呈现一定的相似性。而事实上，由于传统制造业拐点最小，人才配置过度偏向金融业最先对传统制造业产生影响，但是相较于高技术制造业和先进制造业，这种负向影响的作用不显著。

本书的发现具有明显的政策含义，其中最重要的政策启示是，建议政府重视人才配置过度偏向金融业的现象，根据高技术制造业、先进制造业和传统制造业的差异确定不同的子目标。特别需要指出的是，2016年工信部等出台的《制造业人才发展规划指南》，对制造业人才规划提出的目标是，2020年中国制造业就业人员平均受教育年限至少达到11年。然而，根据本书的分析，如果以提升全要素生产率为目标，那么制造业就业人口 11 年的平均受教育年限仍然无法满足制造业创新发展的智力需求。因此，本书认为，政府应该调整人才规划思路，考虑高技术制造业、先进制造业和传统制造业的异质性确定相应的子目标，招才引智、鼓励更多优秀人才进入制造业从事研发创新工作，推动实体经济高质量发展。

第5章 企业家活动、人才配置与全要素生产率损失：基于资金分配的视角

在实体经济"冷"而虚拟经济"热"的大背景下，企业家人才不愿坚守生产创新的问题最引人关注。比如，一位优秀的企业家放弃实体生产转向虚拟经济所导致的损失可能远远大于3个甚至更多普通劳动力非生产性配置造成的损失。最新研究发现，实体企业投资金融渠道的比重快速增长，然而扩大实体生产的意愿却持续低迷（刘贯春等，2019；戴静等，2020）。可能的原因是，与金融业、房地产业相比，制造业利润率比较微小而且盈利周期相对较长（国务院发展研究中心，2014①；张成思、张步昙，2015；赵昌文、朱鸿鸣，2017；杜勇等，2017）。此外，2007~2014年间每年大约有19.93%的非金融上市公司以参股的形式进入金融体系，比如宝钢、海尔、格力等制造业企业都不同程度地参与银行、证券、基金、保险等金融活动，并且呈现加速金融化趋势（解维敏，2018）。上述现象反映出企业家偏离实体生产，是企业家活动的非生产性配置。在此情景下，本章致力考察企业家人才非生产性配置对全要素生产率的影响。

理论上，企业家人才是一类重要的人力资本群体，通过把知识的创意转化为市场化商品的方式推动经济增长。自从熊彼特开创性地提出以企业家活动为动力的经济发展理论以来，经济学者对企业家活动配置与经济增长的关系展开了大量讨论（庄子银，2007；马忠新、陶一桃，2019）。具体而言，

---

① 国务院发展研究中心. 企业家投资实体经济意愿下降原因分析及政策建议［EB/OL］. http://www.drc.gov.cn/xscg/20140227/182-224-2878834.htm.

如果企业家活动配置到生产创新部门，那么企业创新能力提高就会推动全要素生产率增长，而如果企业家活动配置到垄断部门进行寻租套利，由于寻租（或者投机逐利）只是对财富的再分配且不具有生产性，从而人才误配就会有损全要素生产率增长。特别是，当前中国经济正处于创新驱动转型的关键时期，而企业家活动是否从投机逐利型转向生产创新型将直接影响中国经济创新能力和全要素生产率水平。比如，在世界上相对贫穷的非洲地区，企业家进入垄断部门的收益远远超过在生产创新部门的正常利润，学者们普遍认为，包括企业家活动在内的人才误配是造成绝大多数发展中国家贫穷落后的主要原因（李世刚、尹恒，2014）。

但是，现有文献对企业家活动配置与全要素生产率的关系及作用机制的讨论还不够充分。事实上，企业家是人力资本的一类载体，企业家活动非生产性配置将切断高人力资本群体与生产创新活动的联系。对于当前中国而言，实体经济遭受金融、房地产挤压，企业家不愿意从事实业，资本和劳动等要素存在"脱实向虚"倾向，要扭转这一局面就应当大力弘扬企业家精神，优化企业家活动配置，并且促使更多具有创新能力的企业家活动向实体经济配置。此外，本书的分析还可以从理论上解释中国大规模增加制造业研发投入但是全要素生产率却增长缓慢的索洛悖论。

在这里有必要再强调一下鲍莫尔（1990）、庄子银（2007）、李世刚（2015）、马忠新和陶一桃（2019）等代表性研究。鲍莫尔是最早提出企业家活动配置（allocation of entrepreneurship）对经济绩效的影响的学者，尽管只是描述性地分析，但是他的思想启发了后续的一系列理论模型和实证研究。庄子银（2007）、李世刚（2015）在罗默的经济增长模型基础上考虑企业家活动配置与经济增长的关系，因此与本章具有一定的相似性。与庄子银（2007）不同的是，李世刚（2015）进一步考虑了企业家活动的异质性，寻租收益跟企业家个人能力有关且规模报酬递增，而本书则从一个新的视角（实体生产部门和非实体部门）考虑了企业家活动配置问题。值得一提的是，马忠新、陶一桃（2019）从中华老字号数量的角度讨论企业家活动对经济增长的影响，研究视角非常独特，具有极强的启发性。

这些研究深化了我们对于企业家活动配置与经济增长关系的认识。同时，我们也注意到，在讨论人才配置时，不能简单地以人数进行分析，考虑人力资本会更有价值。比如，一个优秀的企业家放弃实体生产转向金融或者房地产进行投机逐利（甚至寻租），这对全要素生产率的负面影响可能要远大于3个甚至更多普通工人转向非生产性活动的损失。本章的目的是在上述研究的基础上，考察企业家活动在实体部门和非实体部门配置对全要素生产率的影响。在本章的模型中企业家活动有两种：实体部门生产创新、非实体部门投机逐利（或者垄断部门寻租）。其中，实体生产活动提供产出，并且具备一定程度的创新，是经济增长的源泉；虚拟部门的投机活动是为了追逐垄断租金，寻租是对既有产出的再分配，因此企业家活动配置到虚拟部门或者从事寻租意味着人才误配置。理论和实证模型包含如下要点。

（1）企业家活动具备两层含义。第一层含义是直观含义，即企业家这一群体的经济活动；第二层含义是熊彼特所强调的企业家活动，即所有的生产创新活动都是企业家活动，比如引进新产品、引用新技术、开辟新市场、开发新的原材料供应来源、实现企业组织创新等。企业家活动的上述两层含义是理解第二种类型人才配置放大全要素生产率损失的基础。

（2）企业家活动配置内生决定。制造业企业家从事虚拟经济活动本质上是为了追求垄断租金，并且已经有大量文献证明金融部门确实存在垄断租金（Cahuc and Challe，2012；葛晶，2019）。与政府定岗定编的情况不同，只要垄断租金大于实体生产的正常利润，就一定还有企业家愿意进入虚拟经济部门。在这一设定下，企业家活动错配表现为高能力者从实体部门转向虚拟部门，配置到非生产性部门的企业家人数增加或者生产创新活动减少。

（3）关于垄断租金。人力资本偏向金融业等具有垄断特征的虚拟行业，是为了获取垄断租金，由于我们关注的是实体经济特别是制造业，因此我们对金融业等垄断部门的租金分配规则只做简化处理。

（4）受到马忠新、陶一桃（2019）的启发，本书以城市拥有的中华老字号企业数量作为企业家活动的历史工具变量。中华老字号企业全部都创办于1956年之前并且以食品加工、加工制造、医药等实体生产企业为主，能够反映历史上企业家活动在实业生产方面的情况。使用人均中华老字号数量作为处理反向因果问题的工具变量，理由是中华老字号企业是社会历史变迁中传承下来的企业字号，对于 2007～2018 年的经济数据而言是相对外生的。

5.1　理 论 机 制

从经济增长的基本事实来看，国家统计局 2009～2017 年《全国科技经费投入统计公报》显示，2009～2017 年中国每年有 60% 以上的科技研发经费投入到制造业。但是，由于到研发投入和人力资本存在互补性，如果企业家活动配置偏向投机和寻租而不是生产和创新，那么人才的非生产性配置可能造成研发资金"空转"，进而对制造业全要素生产率产生显著影响。

5.1.1　企业家活动的历史传承及其对当代经济的影响

从世界其他国家的发展经验来看，企业家活动是否有效配置到生产创新领域是影响国家经济的关键。以英国为例，工业革命前的英国，企业家从事创新生产活动能够取得较高的收益，企业家活动被吸引到工业生产领域（Baumol，1990），经济发展迅速，英国逐渐成为世界经济的中心。而近代英国，企业家活动偏向垄断部门，大量优秀人才期望进入商业银行或者政府机构，而不愿意从事实体生产活动，英国经济增长受到影响并且失去了世界经济中心的地位（赵昌文、朱鸿鸣，2015）。

中国经历了两千多年传统封建社会，"士农工商"是传统社会主流的阶级等级秩序。长期以来商人（企业家）在封建社会的地位相对低下，商人（企业家）活动不能获得相应的回报（货币的和非货币的），因此封建社会企业家活动比较稀缺，更重要的是，封建时代的企业家为了生存需要，不得不把稀缺的企业家活动配置到垄断部门或者寻租部门。而这正是中国企业家与熊彼特式企业家的区别，中国企业家尤其注重建立人脉关系（戴维·兰德斯等，2015），比如一个腰缠万贯的富商可能要花费大量精力协调与各级官员的关系，以维持生存。企业家活动过度配置到政府部门产生资源错配导致了封建社会贫穷落后（李世刚，2014）。

值得一提的是，唐宋是中国封建社会经济发展最繁荣的时期，而恰恰是在这一时期，企业家活动与生产创新联系最为紧密。一部分具备企业家才能的人热衷于生产，促进了生产技术创新，比如众所周知的指南针、火药、活字印刷术，还有滑轮、纺车等基础设施生产技术（马忠新、陶一桃，2019）。因此，中国经济在唐宋时期经历了史无前例的增长（谢冬水、黄少安，2011）。然而，到了明清时期企业家活动转向非生产性领域，官商联系紧密，甚至出现红顶商人，经济增长陷入停滞。

历史给我们的启示是，在企业家活动配置到创新生产的年代，工商业发展迅速，社会经济就相对繁荣；而企业家活动配置到非生产性领域（比如投机、寻租），甚至是破坏性领域（比如涉黑、犯罪），经济增长就滞后。当前中国经济发展进入高质量增长新阶段，如果可以诱致更多企业家活动配置到实体生产部门，提高生产创新能力，以实体经济带动整个国民经济，那么经济增长才会在更高水平上实现均衡。

5.1.2 "企业家活动配置—全要素生产率"理论模型

1. 生产函数

$$y_i = tfp_i \times f(k_i, \ l_i) \tag{5.1}$$

假设企业的生产率全部来自企业家活动，即如果企业家活动配置到相对垄断的寻租型行业，企业的全要素生产率会下降；而如果企业家活动配置到具有创新水平的生产型行业，企业的全要素生产率可以实现较高水平的增长。厂商的边际收益为：

$$1 - \frac{1}{\alpha} \tag{5.2}$$

厂商生产需要支付生产税，税率是 t，因此厂商的利润是：

$$\pi_i = \left(1 - \frac{1}{\alpha} - t\right) y_i \tag{5.3}$$

全部租金来自政府税收收入。企业家有两种类型，非生产创新类型的企业家利用制度缺陷攫取租金，生产创新类型的企业家追求经济利润最大化。企业家总数量标准化为 1 单位，从事投机逐利或者寻租的企业家数量是 r，从事创新生产的企业家数量是 $1-r$，可以计算出总租金。

$$\pi^R = \sum (1 - r) \times t \times y_i = \sum (1 - r) \times t \times tfp_i \times f(k_i, l_i) \quad (5.4)$$

企业家获得的行业垄断租金跟个人能力有关，参考墨菲（1991）、李世刚（2015）的思路，垄断租金收入对能力是规模报酬递增的，从而计算企业家获得的租金。

$$\pi_i^r = \frac{(tfp_i)^\gamma}{\sum_{i \in R} (tfp_i)^\gamma} \times \pi^R \quad (5.5)$$

这样的设定更加符合中国情景，从事投机逐利的企业家往往是能力强的关键少数人群，因为他们有能力获取绝大部分的行业垄断租金，而正是这部分企业家投机逐利所导致的经济损失要远远大于其他人力资本投机逐利造成的经济损失。此外，与既有文献有区别的是，文献一般假定寻租职位数外生给定，理由是政府的职位编制通常是确定的，而本书的从事投机逐利活动企业家数目是内生的，如果按照能力大小从高到低排序，必然存在这样一个均衡解，该企业家从事投机的边际收益等于从事生产创新的边际收益。本书的设定不仅可以解释寻租职位数量外生给定的"公务员热"，更重要的是用来解释企业家活动配置到投机逐利行业由模型内生决定的"金融热""房地产热"等新现象。

2. 市场均衡

市场均衡时，产品市场自动出清，即产品的总供给等于总需求。产品的总供给就是厂商生产的全部产品，由于模型中不涉及储蓄和投资，因此产品总需求等于总收入，收入包括两部分，劳动力工资和利润。综上分析，产品市场出清条件可以表达如下：

$$\sum y_i = \sum l_i + (1 - r) \sum \pi_i + \pi^R \quad (5.6)$$

产品市场出清条件，并且结合式（5.3）、式（5.4），可以求出：

$$\sum y_i = \frac{\alpha \sum l_i}{1 + r(\alpha - 1)} \propto TFP \quad (5.7)$$

其中，$\alpha > 1$，因此，企业家活动越是偏向投机逐利或者寻租，产出越低。当 $r = 0$，即企业家活动全部投入创新行业，那么总产出 $\sum y_i = \alpha \sum l_i$；当 $r = 1$，即企业家活动全部投机逐利或者寻租，那么产出 $\sum y_i = \sum l_i$。因

此，如果企业家活动配置到生产创新行业，产出和全要素生产率水平可以得

到显著提升。我们还发现，$\dfrac{\partial(\sum y_i)}{\partial r} < 0$ 且 $\dfrac{\partial\left[\dfrac{\partial(\sum y_i)}{\partial r}\right]}{\partial r} > 0$ 。因此，企业家

活动配置到投机逐利或者寻租会导致产出减少，全要素生产率降低，而且降

低的速度递增。

5.2　变量选取和数据描述性统计

5.2.1　变量选取

被解释变量是制造业上市公司全要素生产率。数据来源于国泰安 CSMAR
数据库和 Wind 数据库提供的 2007 ~ 2018 年沪深全行业数据①，行业分类标
准为《上市公司行业分类指引》。数据整理过程中，我们剔除了既发行 A 股
又发行 B 股的上市公司；剔除了样本区间内 ST 的公司；剔除了指标缺失严
重的公司。参考既有文献的做法，总产出 Y 是营业收入，资本 K 用固定资产
净值表示，劳动 L 用工资表示（也可以用上市公司治理综合信息文件公布的
员工人数，不会影响主要结论）。数据处理工作完成以后，本书分别使用 OP
（Olley – Pakes）、LP（Levinsohn – Petrin）、ACF（Ackerberg – Caves – Frazer）
方法计算上市公司全要素生产率，然后以全要素生产率作为被解释变量开展
实证分析。

核心解释变量企业家活动配置，指的是在给定约束条件下如何将有限的
人力资本在生产创新活动和非生产创新活动之间进行分配的过程（何轩、马
骏等，2016），由于非生产性活动通常具有一定的隐蔽性，直接测度企业家活
动配置在实际操作中有困难，因此我们选择与企业家活动配置高度相关的代
理变量，比如金钱、时间的分配，本书使用的是资金指标。其中，生产创新

---

① 2006 年会计制度改革会影响到指标构建，因此从 2007 年开始。

活动是与熊彼框架下的企业家活动内涵一致，是对经济产出做出主要贡献的活动，包括购建固定资产、研发支出等；非生产创新活动是对财富的再分配，不具有直接的生产能力，比如投机、寻租、游说，是对生产资源的极大浪费。具体而言，本书使用非生产性配置与生产性配置之差衡量企业家活动配置，即净非生产性配置，计算公式如下[①]：

$$企业家活动配置 = 非生产性配置 - 生产性配置 = \begin{cases} 时间分配 \\ 资金分配 \end{cases} \quad (5.8)$$

在此有必要说清楚公式中变量之间的关系。严格来说，识别制造业企业家究竟是在做实体生产还是在做非生产性活动（比如进入金融、房地产投机逐利，甚至寻租），是一件比较困难的事情，因为比较难区分满足正常生产需求的资金和用于投机活动的资金。但是有一点可以肯定的是，生产性活动是与企业实体生产直接相关的活动，比如机器设备、研发创新，而非生产性活动目的是投机并且需要大量的金融资产。

$$企业家活动配置 = \frac{(金融房地产资产 - 购建固定资产支出)}{总资产}$$
$$+ \frac{(管理费用 - 研发投入)}{销售收入} \quad (5.9)$$

表 5 - 1 归纳了现有文献的测度方法，在此基础上，本书构建企业家活动生产性配置和非生产性配置的代理变量。有两点需要说明：一是参照既有文献的做法，金融资产包括交易性金融资产、发放贷款及垫款净额、可供出售金融资产净额、持有至到期投资净额、长期股权投资净额、投资性房地产净额[②]（杜勇等，2017；张春鹏、徐璋勇，2019；肖忠意、林琳，2019），数据来源于国泰安 CSMAR 提供的上市公司资产负债表；二是对公式右侧第二部分的合理性进行说明，因为管理费用过高在一定程度可以反映企业家把精力分配到公关、招待等非生产性领域，并且从数据来看，管理费用支出大于研发投入的企业有 3 878 家，占全部样本的 30.69%。

---

① 公式中"购建固定资产支出"对应财务报表"购建固定资产、无形资产和其他长期资产支付的现金"。

② 衍生金融资产有 52.77% 是缺失值，为避免关键指标过多缺失，金融资产不计衍生金融资产。

表 5 – 1　　　　　　　　　　企业家活动配置的测度方法

企业家活动配置	参考文献
生产性企业家数量/非生产性企业家数量	庄子银（2007）
企业家的时间分配：非生产性时间减去生产性时间	何轩、马骏等（2016）、Dong et al.（2016）
个体部门就业比例/国有部门就业比例	李晓敏（2017）
研发支出（或管理费用）/销售额	程虹、谭琳（2017）
企业家从事生产活动占用的时间	吕相伟（2018）
人均中华老字号数量	马忠新、陶一桃（2019）
民营企业法人单位数/每万人民营企业就业人口	徐远华（2019）
企业家创新创业活动：城市创新指数、城市民营企业就业人数比重	李政、刘丰硕（2020）

控制变量。企业全要素生产率在很大程度上与企业自身特征相关，因此是必须控制的变量。参考已有文献对控制变量的选择，我们以企业规模、企业上市年限、资本密集度、是否国有企业、是否进出口作为控制变量（见表5 – 2）。在控制这些因素之后，可以相对准确地估计关键解释变量的系数，并且我们还控制了二位数行业固定效应吸收不随时间变化的行业固有特征因素的影响，控制年份固定效应吸收了不因行业变化的年份特征（比如宏观经济政策）的影响。

表 5 – 2　　　　　　　　　　变量指标选取及具体含义

变量	指标	具体含义
被解释变量	制造业上市公司 *TFP*	用 ACF 方法计算
核心解释变量	企业家活动配置	用净非生产性配置表示，包括（金融房地产投资 – 购置生产设备）/总资产 +（管理费用 – 研发投入）/营业收入
控制变量	企业规模	总资产对数
	企业上市年限	当年年份 – 上市年份 + 1
	资本密集度	固定资产净额/从业人数
	是否国有企业	国有企业 = 1，非国有企业 = 0

续表

变量	指标	具体含义
控制变量	是否进出口	进出口 = 1，非进出口 = 0
	行业固定效应	按照制造业二位数行业代码设置 28 个虚拟变量
	年份固定效应	2007 ~ 2018 年设置 11 个虚拟变量
	城市固定效应	249 个虚拟变量，不包含港澳台地区、自治州、盟
工具变量	城市中华老字号企业的数量	商务部公布的中华老字号企业名单

5.2.2　数据描述性统计

本书的研究对象包含 2 184 家制造业上市公司 2007 ~ 2018 年的非平衡面板数据，样本总量是 13 200 个。表 5 – 3 汇报了主要变量的描述性统计特征，由于部分关键指标缺失，可以计算全要素生产率的样本量有 12 990 个，占样本总量的 98.41%。根据变量的描述性统计，全要素生产率对数的平均值是1.678，而中位数是 1.673，平均值近似等于中位数，并且标准误比较小，说明上市公司全要素生产率接近正态分布，这一点与既有文献的发现一致（尹恒、杨龙见，2019；王兵、王启超，2019）。企业家活动配置的含义是非生产性配置与生产性配置之差，等价于净非生产性，平均值是 0.066，中位数0.052，平均值大于中位数，数据分布呈右偏特征。我们发现，企业家活动配置取值大于 0 的样本占 83.5%。此外，平均来看企业的上市年限是 8.175 年，国有企业占比 26.2%，出口企业占比 75.6%。这些变量是接下来展开实证分析的基础。

表 5 – 3　　　　　　　　　　主要变量描述性统计

变量	样本量	均值	中位数	标准误	最小值	最大值
全要素生产率对数（ACF）	12 990	1.678	1.673	0.139	1.067	2.146
企业家活动配置	7 917	0.066	0.052	0.121	− 0.668	1.013
规模（总资产对数）	13 200	5.696	5.547	1.157	1.761	11.268
资本密度	13 068	3.272	3.269	0.834	0.523	5.676

续表

变量	样本量	均值	中位数	标准误	最小值	最大值
企业上市年限	13 155	8.175	6	6.455	0	25
是否国有企业	13 200	0.262	0	0.440	0	1
是否出口	13 200	0.756	1	0.430	0	1

资料来源：作者计算。

其次，组间差异比较。本书把企业家活动配置按照数值从小到大排列，并且主观假定，小于1/3分位数的样本定义为Group1，大于等于2/3分位数的样本定义为Group3，介于两者之间的是Group2，再做组间差异检验。我们发现，使用金融资产占总资产比重衡量企业家活动配置，Group1的*TFP*均值是1.68，Group2的*TFP*均值是1.71，Group3的*TFP*均值是1.69；使用管理费用占营业收入比重衡量企业家活动配置，Group1的*TFP*均值是1.82，Group2的*TFP*均值是1.62，Group3的*TFP*均值是1.57。根据组间差异的描述性分析，我们可以直观发现，企业家活动配置越是偏离生产创新，制造业企业全要素生产率就越低。

5.3   模型设定与实证结果

企业家活动配置是否扭曲以及企业家活动配置对制造业全要素生产率的定量影响是一个有待检验的经验问题。本书使用净非生产性配置衡量企业家活动配置，从资金分配角度来看，企业家活动非生产性配置=（金融房地产资产－购建固定资产无形资产和其他长期资产支付的现金）/总资产+（管理费用－研发投入）/销售收入，在此基础上研究企业家活动配置对全要素生产率的作用方向。然后，进一步考虑企业家活动配置对全要素生产率的影响机制并且进行异质性分析。参考杜勇等（2017）和马忠新、陶一桃（2019）的思路，本书建立如下基准回归模型。

$$\ln tfp_{idct} = \beta_0 + \beta_1 entrepre\_allocation_{idpt} + \beta_2 x'_{idpt} + \mu_d + \mu_c + \mu_t + \varepsilon_{idpt} \qquad (5.10)$$

下标 i 表示企业，d 表示行业，c 表示城市，t 表示年份，被解释变量是上市公司全要素生产率，核心解释变量是企业家活动配置，β_1 的符号及显著性是本书关注的重点，控制变量包含其他企业特征、行业固定效应、城市固定效应、年份固定效应。

5.3.1　基准结果

表 5-4 汇报了基准结果，第（1）列是单变量回归结果，第（2）、（3）列分别是依次加入了控制变量、固定效应的结果。被解释变量是 ACF 方法测算企业全要素生产率，核心解释变量基于净非生产性活动衡量企业家活动配置，我们发现，加入控制变量以后核心解释变量的系数为负，并且都在 1%水平显著。基准结果说明，企业家活动配置对上市公司全要素生产率有显著影响，实体生产企业家活动越是偏向非生产创新领域，制造业上市公司的全要素生产率就越低。具体而言，当被解释变量是 lntfp_acf 时，核心解释变量的系数是 -0.0536［第（3）列］，并且在 1%水平显著。回归结果的经济学含义是，企业家活动配置每增加一个标准误，lntfp_acf 将下降 0.66 个百分点，相当于 lntfp_acf 均值的 0.39%。

表 5-4　　　　　　　　　　基准回归：多元面板回归

变量	（1） lntfp_acf	（2） lntfp_acf	（3） lntfp_acf
企业家活动配置	-0.0130 （0.0165）	-0.103^{***} （0.0195）	-0.0536^{***} （0.0171）
企业规模		0.0729^{***} （0.00229）	0.0763^{***} （0.00211）
资本密度		0.0459^{***} （0.00275）	0.0389^{***} （0.00270）
上市年限		$-6.10e-05$ （0.000474）	0.000841^{**} （0.000421）
是否国有企业		-0.00867 （0.00625）	-0.0168^{***} （0.00583）

续表

变量	(1)	(2)	(3)
	lntfp_acf	lntfp_acf	lntfp_acf
是否出口		− 0.0134 ** (0.00530)	− 0.00953 ** (0.00462)
行业固定效应	NO	NO	YES
年份固定效应	NO	NO	YES
城市固定效应	NO	YES	YES
常数项	1.681 *** (0.00108)	1.140 *** (0.0126)	1.339 *** (0.0298)
Observations	7 712	7 665	7 665
R-squared	0.001	0.594	0.701

注：括号内数字是稳健标准误，*** 表示 $p < 0.01$，** 表示 $p < 0.05$。

　　基准回归结果表明，以金融、房地产为代表性行业的虚拟经济，确实吸引了大量实体企业家活动，企业家活动非生产性配置显著降低了制造业全要素生产率。造成这一现象的原因可能是，当前金融业高度依赖管制并且存在垄断租金，从事金融投机活动赚取的收益远远超过实体生产的正常回报率（解维敏，2018；戴静等，2020）。

　　关于控制变量，我们发现，整体来看，控制变量系数的符号与既有研究结论保持一致。企业规模系数显著为正，表明中国企业规模分布仍然没有达到最优配置（李旭超等，2017），特别是对于上市公司，进一步优化规模分布可以推动全要素生产率提升；类似的，资本密度、上市年限与生产率呈现单调递增关系，在当前水平进一步加大资本投入将促进全要素生产率增长；此外，国有企业虚拟变量的系数显著为负，说明国有企业全要素生产率显著低于非国有企业（杨汝岱，2015）；出口虚拟变量系数显著为负，表明出口企业的全要素生产率反而较低，"出口—生产率悖论"在上市公司样本依然显著存在。

5.3.2 进一步分析

首先，考虑非线性关系。在基准回归，本书从资金角度使用净非生产性配置衡量企业家活动配置。以金融资产为例，在一定程度，企业金融资产占比越大可能反映出企业家从事金融等非生产创新活动的倾向，但是两者还是有区别，更关键的是，有研究发现，企业金融资产可能存在"蓄水池"效应，如果企业购置金融资产是为了满足正常的资本需求，那么只有当企业金融资产超过正常资本需求的时候，投机性金融资产越多反映出企业家活动的非生产性配置，此时企业家活动配置与全要素生产率可能存在非线性关系。为了检验这一猜测，本书在模型中加入企业家活动配置的二次项，回归结果如下（见表5-5）。

表 5-5 检验非线性关系

变量	$lntfp\_acf$
企业家活动配置	-0.0864 *** (0.0279)
企业家活动配置平方项	-0.0591 (0.0773)
控制变量	YES
常数项	1.141 *** (0.0127)
Observations	7 665
R-squared	0.594

注：括号内数字是稳健标准误，*** 表示 $p < 0.01$。

上述回归结果表明，企业家活动配置的系数仍然显著为负，而二次项的系数是负数但是不显著。一个可能的解释是，对我们所有的样本而言，制造业企业家活动已经过度配置到投机逐利行业，因此，本书识别的是已经偏离最优配置状态的负相关关系。我们还发现，企业家活动非生产性配置对制造业企业全要素生产率确实产生了显著的负向效应，基准结论仍稳健。因此，在后文中我们对非线性的情况不再做讨论。

其次，区分国有企业、民营企业、外资企业及其他类型企业。考虑产权性质的差异，企业家活动配置对全要素生产率的影响在不同类型企业会存在明显差异。对于国有企业，由于国有企业家和政府官员存在一定程度的相似特征，有着天然的风险规避偏好，国有企业家更可能展现社会理性而不是单纯的经济理性；对于民营企业，由于受到流动性约束，民营企业家对短期利润等绩效指标会更加敏感，如果实体生产利润远远小于金融投机的收益，那么民营企业家活动更有可能偏向盈利周期较短的投机活动；而对于外资企业和其他类型企业，企业家活动可能配置到投机套利领域，也有可能配置到固定资产投资、研发创新等实体生产领域。因此，本书推测，企业家投机套利甚至寻租的效应在不同类型企业之间存在显著差异（表现在系数绝对值或者显著水平的区别）。

回归结果显示（见表5-6），制造业企业家的企业家活动净非生产性配置对全要素生产率的负面影响主要在民营企业显著，然而在国有企业并不显著。这一发现与现有认知存在较大的区别，因为我们通常认为国有企业的问题更多。然而，实证结果表明，企业家活动的非生产性配置主要来自民营企业。事实上，对于这一结果也不难解释，对于民营企业而言，企业主在企业中拥有绝对权威，企业在生产领域和非生产领域的资金配置与企业主的个人意志接近（何轩、马骏等，2016），而且多数民营企业家会更看重短期利润等绩效指标，如果实体生产收益远远小于在金融、房地产领域投机的收益，那么民营企业家活动更有可能从事非生产性的投机逐利活动甚至寻租。因此，当前中国制造业的企业家活动非生产性配置的核心要义是，民营实体企业放弃实体化生产转向投机逐利，抑制了"企业家精神""实业精神"的实现。

表5-6　　　　　　　　　　　　不同类型企业的差异

变量	国有企业	民营企业	外资企业	其他类型企业
	ln*tfp_acf*	ln*tfp_acf*	ln*tfp_acf*	ln*tfp_acf*
企业家活动配置	-0.0546 (0.0440)	-0.0494 ** (0.0192)	-0.115 * (0.0671)	-0.173 *** (0.0625)

续表

变量	国有企业	民营企业	外资企业	其他类型企业
	ln*tfp_acf*	ln*tfp_acf*	ln*tfp_acf*	ln*tfp_acf*
企业规模	0.0734 *** (0.00351)	0.0793 *** (0.00287)	0.0957 *** (0.0187)	0.0840 *** (0.0143)
资本密度	0.0252 *** (0.00578)	0.0448 *** (0.00310)	0.0431 *** (0.0133)	0.0382 ** (0.0159)
上市年限	0.00177 ** (0.000865)	− 0.000366 (0.000587)	− 0.000492 (0.00399)	0.000950 (0.00346)
是否出口	− 0.00417 (0.00929)	− 0.00715 (0.00569)	− 0.00262 (0.0320)	0.0508 (0.0340)
行业固定效应	YES	YES	YES	YES
年份固定效应	YES	YES	YES	YES
城市固定效应	YES	YES	YES	YES
常数项	1.423 *** (0.0377)	1.267 *** (0.0346)	0.980 *** (0.115)	1.224 *** (0.114)
Observations	2 109	5 011	266	242
R-squared	0.768	0.708	0.855	0.894

注：括号内数字是稳健标准误，*** 表示 $p < 0.01$，** 表示 $p < 0.05$，* 表示 $p < 0.1$。控制变量不应当包括是否国有企业虚拟变量。

值得说明的是，民营企业样本与国有企业样本的区别包括两方面：一是估计量的显著水平上升；二是企业家活动配置的系数绝对值接近。需要注意的是，估计量显著水平的变化有意义并且验证了本书的猜想。而对于民营企业和其他类型其他显著性的差异应当保持谨慎态度，因为在回归样本中，其他类型企业只有 242 个观测值，在样本所占比例比较少，因此，我们主要关注民营企业和国有企业的差异。

5.3.3　稳健性测试

由于本书的研究结论具有一定程度的探索性质，出于谨慎原则考虑，我们将对可能干扰结论的内生性问题做进一步讨论。第一，使用 OP、LP 方法计算全要素生产率。基准结果中的被解释变量是基于 ACF 方法计算的全要素生产率，为了证明结果的稳健性，我们重新使用 OP、LP 分别计算全要素生产率，并且进行回归。回归结果显示（见表 5 - 7），计算全要素生产率方法的选择并不会影响基本结论，企业家活动配置越是不具有生产性，全要素生产率越低，主要结论稳健。

表 5 - 7　　　　稳健性检验：使用 OP、LP 计算全要素生产率

变量	(1)	(2)
	ln*tfp_op*	ln*tfp_lp*
企业家活动配置	-0.0592 *** (0.0212)	-0.0481 *** (0.0120)
企业规模	0.0827 *** (0.00255)	0.0858 *** (0.00142)
资本密度	-0.0149 *** (0.00329)	-0.0233 *** (0.00181)
上市年限	0.000716 (0.000509)	0.000972 *** (0.000293)
是否为国有企业	-0.0130 * (0.00679)	0.00197 (0.00373)
是否出口	-0.0150 *** (0.00554)	-0.00284 (0.00308)
行业固定效应	YES	YES
年份固定效应	YES	YES
城市固定效应	YES	YES
常数项	1.269 *** (0.0340)	1.716 *** (0.0193)
Observations	7 665	7 665
R-squared	0.583	0.788

注：括号内数字是稳健标准误，*** 表示 $p < 0.01$，* 表示 $p < 0.1$。

第二，剔除 2008 年、2009 年金融危机样本。考虑到 2008 ~ 2009 年全球

金融危机样本可能与其他年份的样本存在较大的异质性，并且这种异质性可能影响到估计结果。为了表明结果的稳健性，我们剔除金融危机期间的样本，重新进行回归（见表5-8），发现基本结论仍然存在，说明研究结论不会受研究样本的干扰。

表5-8　　　　　　　　　稳健性检验：剔除金融危机样本

变量	(1)
	ln*tfp_acf*
企业家活动配置	- 0. 0518 ***
	(0. 0174)
企业规模	0. 0764 ***
	(0. 00213)
资本密度	0. 0392 ***
	(0. 00276)
上市年限	0. 000833 **
	(0. 000421)
是否为国有企业	- 0. 0165 ***
	(0. 00577)
是否出口	- 0. 0101 **
	(0. 00472)
行业固定效应	YES
行业固定效应	YES
行业固定效应	YES
常数项	1. 337 ***
	(0. 0311)
Observations	7 360
R-squared	0. 702

注：括号内数字是稳健标准误，*** 表示 $p < 0.01$，** 表示 $p < 0.05$，* 表示 $p < 0.1$。

第三，竞争性假说。可能存在这种情况，制造业企业绩效不好（全要素生产率低），导致企业家对实体生产前景悲观，进而企业家活动转向非生产性领域，即 X 影响了 Y 的同时，Y 也在影响 X。如果这个逻辑成立，那么在企业全要素生产率水平高的样本，企业家对实体生产的预期应该相对乐观，此时，应当观察不到企业家活动非生产性配置与全要素生产率之间的负向关系。而在全要素生产率水平低的样本，企业家活动非生产性配置与全要素生产率之间的负向关系应当仍然显著。

分组回归结果如表 5 - 9 所示，结果表明，在全要素生产率低的组别，核心解释变量系数显著，但是在全要素生产率高的组别，核心解释变量不再显著，因此，反向因果问题确实存在。为了处理反向因果对结果的影响，我们进一步使用工具变量回归进行检验，以城市所拥有的中华老字号企业数量作为企业家活动配置的工具变量，详细的中华老字号企业数据来源于商务部《中华老字号名录》（包括第一批和第二批）。这样做的理由是：首先，中华老字号是创办于 1956 年的企业，涵盖食品加工、医药等实体生产行业，更重要的是，在理论上已经阐明，企业家活动具有一定的历史传承特征；其次，历史上的企业家活动对 2007 ~ 2018 年的中国经济并不会产生直接影响。工具变量回归结果如表 5 - 10 所示。此外，在实证过程中我们还对工具变量进行了严格的计量检验，发现工具变量有效，且不存在弱工具变量问题。

表 5 - 9　　　　　　　　　　　　反向因果检验：分组回归

变量	（1）	（2）	（3）
	组别 1	组别 2	组别 3
	ln*tfp_acf*	ln*tfp_acf*	ln*tfp_acf*
企业家活动配置	- 0. 0525 *** (0. 0189)	- 0. 00508 (0. 00731)	- 0. 00313 (0. 0216)
企业规模	0. 0431 *** (0. 00378)	0. 0149 *** (0. 00138)	0. 0363 *** (0. 00277)
资本密度	0. 0208 *** (0. 00297)	0. 00521 *** (0. 00148)	0. 0179 *** (0. 00339)
上市年限	0. 000799 (0. 000597)	0. 000191 (0. 000221)	- 0. 000362 (0. 000465)

续表

变量	（1）	（2）	（3）
	组别1	组别2	组别3
	ln*tfp_acf*	ln*tfp_acf*	ln*tfp_acf*
是否为国有企业	−0.0127 (0.00781)	−0.000882 (0.00300)	−0.00869 (0.00562)
是否出口	0.00634 (0.00537)	−0.00213 (0.00229)	−0.00966* (0.00545)
行业固定效应	YES	YES	YES
年份固定效应	YES	YES	YES
城市固定效应	YES	YES	YES
常数项	1.338*** (0.0318)	1.607*** (0.0176)	1.689*** (0.0315)
Observations	2 486	2 584	2 595
R-squared	0.396	0.278	0.575

注：括号内数字是稳健标准误，*** 表示 $p < 0.01$。

表 5-10　　　　　　　　　　工具变量回归（2SLS）

变量	ln*tfp_acf*
企业家活动配置	−0.767*** (0.0422)
企业规模	0.0697*** (0.00154)
资本密度	0.0506*** (0.00182)
上市年限	0.00637*** (0.000472)
是否为国有企业	−0.0491*** (0.00400)
是否出口	−0.0244*** (0.00338)

续表

变量	ln*tfp_acf*
常数项	1. 154 *** （0. 00886）
Observations	7 665
R-squared	0. 251

注：第二阶段结果，括号内数字是稳健标准误，*** 表示 $p < 0.01$。

　　第四，样本选择偏差。本书使用的是上市公司样本，而企业是否上市是比较内生的行为，通常来说，生产率高的企业对是否上市拥有较大的自主决策权，生产率低的企业上市的可能性比较低。如果企业家活动严重错配引起企业上市的可能性极低造成样本左侧断尾（left truncation）。此时，本书的回归模型只能在已经选择上市的样本捕捉企业家活动配置对全要素生产率的影响。因此，企业家活动配置对被解释变量产生断尾作用，有可能会导致我们错误估计企业家活动配置对全要素生产率的负面影响。基于这一考虑，我们使用 Heckman 两步法检验样本自我选择问题（见表 5 – 11），选择方程的被解释变量是 ln*tfp_acf*。

表 5 – 11　　　　　　　　　**Heckman 两阶段回归**

变量	ln*tfp_acf*
企业家活动配置	− 0. 0532 *** （0. 0171）
控制变量	YES
逆米尔斯比（IMR）	− 0. 00576 （0. 00524）
行业固定效应	YES
年份固定效应	YES
城市固定效应	YES

续表

变量	ln*tfp_acf*
常数项	1. 334 *** (0. 0310)
Observations	7 661
R-squared	0. 701

注：括号内数字是稳健标准误，*** 表示 $p < 0.01$。

　　在第一阶段回归中，计算同行业其他公司企业家活动配置变量的均值作为外生变量，然后使用第一阶段回归结果计算逆米尔斯比（IMR）并且将其作为解释变量加入第二阶段回归。根据 Heckman 两阶段回归结果，逆米尔斯比的系数不显著，说明样本不存在明显的自我选择问题，并且在加入逆米尔斯比的回归中核心解释变量企业家活动配置的系数仍然并且在 1% 水平显著为负，因此证实了研究结论具有稳健性。

　　第五，使用双重聚类稳健标准误（见表 5 - 12）。本书的被解释变量是企业层面 *TFP*，核心解释变量也是企业层面的变量（企业家活动配置），稳健标准误修正了异方差问题，但是并没有控制序列相关问题，并且同一行业内部不同个体的扰动项也可能存在相关性。因此，本书使用企业和年度双重聚类稳健标准误进行回归。检验结果显示，企业家活动配置的系数是 -0.065，并且在 1% 水平显著，调整聚类稳健标准误的结果和前文主要结论保持一致。

表 5 - 12　　　　　　　　　　**使用双重聚类稳健标准误**

变量	ln*tfp_acf*
企业家活动配置	- 0. 0648 *** (0. 0174)
控制变量	YES
行业固定效应	YES
年份固定效应	YES
城市固定效应	YES

变量	ln*tfp_acf*
常数项	1.336 *** (0.0157)
Observations	7 665
R-squared	0.641

注：括号内数字是稳健标准误，*** 表示 $p < 0.01$。

5.4 拓展分析：企业家活动非生产性配置放大全要素生产率损失

在这里我们先引用阿西莫格鲁（Acemoglu）和罗宾逊（Robinson）的基本观点，包容性制度是经济持久繁荣的基础，攫取性制度无法带来长期的持续增长。当前中国实体部门和虚拟部门的严重失衡突出表现在，以金融业、房地产业等为代表的虚拟经济对实体经济显著负外部性，虚拟和实体的合理结构被破坏，而且这种破坏效应具有长期动态影响。更进一步，如果虚拟经济的发展表现出较强的攫取性，那么企业家活动过度配置到攫取性行业极有可能放大全要素生产率损失。理由在于，企业家活动相当于一个"转换器"，可以把具备创新能力的创新要素组合起来，但是如果企业家活动偏向非生产性领域，就相当于把原本应当投入到实体生产的人力资本转换到投机逐利行业，对生产部门和非生产部门之间人力资本产生再配置作用，进而对全要素生产率产生动态影响。

阿西莫格鲁（1995）较早提出人才误配置具有动态效应，但是阿西莫格鲁是在报酬结构和人才配置内生化的动态模型中通过预期产生作用，即过去的人才配置和未来预期会影响职业报酬结构，从而影响当前的人才配置，并且人才配置和报酬结构交互影响，因此动态影响产出。此外，琼斯（2011），李世刚、尹恒（2014），朱鸿鸣、赵昌文（2015）同样考虑了资源配置扭曲对产出损失或生产率损失的放大影响，琼斯（2011）认为中间投入错配会导致产出损失被放大，李世刚、尹恒（2014）发现在一系列连锁反应中，人才误配置引起全要素生产率下降，再进一步通过资本放大产出损失。正是基于这些研究，我们认为，企业家活动的非生产性配置会放大全要素生产率损失。

据此，本书使用数值模拟的方法定量测算企业家活动非生产性配置放大全要素生产率损失，证明第一种类型人力资本过度配置到非生产性部门是全要素生产率损失被放大的前提条件，如果企业家活动对人才再配置作用足够有效率，可以降低第一种类型人才配置对制造业全要素生产率产生的损失，并且提供表明结果具有稳健性的依据。

在这里有必要对参数校准进行说明。企业家活动配置参数 r，使用的是净非生产性配置，根据上市公司数据描述性特征，企业家活动净非生产性配置的平均值是 6.6%，分别对应非生产性配置 16.8%、生产性配置 10.2%；假定生产创新活动的边际收益 $1 - \dfrac{1}{\alpha} = 0.5$ 时，意味着 α 等于 2；θ 是垄断租金在产出份额，我们主观认定 $\theta = 0.1$；γ 的经济学含义是体制内租金分配规则，$\gamma = 1$ 表示根据从事非生产性活动企业家的生产率水平分配租金（见表 5 – 13）。

表 5 – 13 参数联合校准结果

参数	r	α	θ	γ
数值	0.066	2	0.1	1

根据本书的数值模拟结果，企业家活动非生产性配置对全要素生产率损失的负向影响不可小视。如果第一种类型的人力资本没有过度偏向非生产性的虚拟行业，*TFP* 损失取决于企业家活动非生产性配置规模以及生产创新活动边际收益，在本章设定的参数下，此时实际生产率是潜在生产率的85.62%。然而如果第一种类型的人力资本已经过度偏向金融、房地产等虚拟部门的前提条件下，企业家活动非生产性配置会放大生产率损失，实际生产率只有潜在生产率的77.06%，生产率损失占潜在生产率的1/4左右（见表 5 – 14）。

表 5 – 14　　　数值模拟：企业家活动非生产性配置放大全要素生产率损失

r	TFP（base）	TFP（amplification）
0.066	0.8562	0.7706

注：TFP 结果表示实际 TFP 与潜在 TFP 比值；产出函数是隐函数形式，因此看不到 K、L 的变化。

一个可能的影响途径是，非生产性活动对资金的占用。在社会人力资本存量给定的情况下，投机逐利活动对高能力者吸引力比较大，对低能力者没有吸引力，使得配置到非实体行业的人力资本向高能力一侧移动，而配置到实体生产行业的人力资本向低能力一侧移动。人力资本配置引起资本同向变化，非生产性支出增加，生产性投资缩小，导致实体生产行业的物质资本积累减少，全要素生产率下降引起物质产出和收入降低，又反过来影响物质产出，进而引起经济变量的连锁反应。

此外再做两点说明，第一，企业家活动非生产性配置放大全要素生产率损失的前提条件是，第一种类型人才配置已经过度偏向虚拟经济，并且第二种类型人力资本在虚拟部门从事投机逐利活动甚至寻租。正如赵昌文、朱鸿鸣（2015）发现，如果第二种类型人才配置足够有效率，比如企业家活动积极生产创新，那么第一种类型人才配置的扭曲将变得次要。第二，正是由于企业家活动非生产性配置会放大全要素生产率损失，因此在局部意义上两者更接近线性关系而不是包含二次项的非线性关系，这与本章实证发现两者不存在显著的非线性关系在逻辑上是一致的。

5.5　本章小结

本章将重点放在企业家活动配置，重点考察制造业企业家活动在实体生产活动和非生产活动之间配置对制造业企业全要素生产率的影响。首先，从经济史的角度发现企业家活动具有一定的历史传承性，为实证部分使用中华老字号企业数量作为企业家活动配置的工具变量做好理论铺垫。然后，我们建立理论模型分析企业家活动在实体生产领域和非生产领域（投机逐利、寻租）之间配置对全要素生产率的影响。理论分析最重要的发现是，企业家活动非生产性配置导致产出减少，全要素生产率降低，而且降低的速度递增。

本章使用 2007~2018 年制造业上市公司数据，构建企业家净非生产性配置指标。实证结果显示，企业家活动配置到投机逐利、寻租对制造业全要素生产率产生了显著的负向影响。为了表明结果的稳健性，使用 OP、LP 方法计算全要素生产率，剔除 2008 年、2009 年金融危机样本，竞争性假说，考虑样本选择偏差，使用双重聚类稳健标准误，上述检验结果说明，这一发现不是偶然的计量结果，结论具有稳健性。我们还发现，制造业企业家的企业家活动净非生产性配置对全要素生产率的负面影响主要在民营企业显著，但是在国有企业不显著，民营实体企业放弃实体化生产转向投机逐利，抑制了"企业家精神""实业精神"的实现。

最为重要的发现是，拓展分析证明，企业家活动非生产性配置会放大全要素生产率损失，这种损失大约相当于潜在生产率的 1/4。

第6章 政府政策、人才配置与制造业企业全要素生产率

基于前文的实证分析，我们的基本发现是，当前中国经济出现了新的变化，创新要素过度偏向投机逐利行业，特别是人才配置过度偏向金融业对制造业全要素生产率产生了显著的负向影响。在这一章，我们聚焦于政策对全要素生产率的影响及中介作用机制。本书感兴趣的问题在于，《中国制造2025》十大重点领域政策是否提升企业全要素生产率？人力资本配置是否发挥作用？对于《中国制造2025》是否起到积极效果，学术界存在一定的争议。例如黄群慧、贺俊（2015）认为，《中国制造2025》本质上只是传统产业政策的加强版，表现在政策力度加大，规划周期更长，但并没有触及长期制约中国制造的根本问题，遗憾的是，这只是理论推测缺乏规范的实证依据。

事实上，人才资源是《中国制造2025》的一个重要方面，我们进行文本统计发现，《中国制造2025》共有40处提及人才，并且出台《制造业人才发展规划指南》作为配套的功能性产业政策，但是目前学术界对这方面政策的评估还比较少，并且现有文献的实证设计存在内生性问题，研究结果的可靠性值得质疑。举个例子，逯东、池毅（2019）采用双重差分法（Difference-in-Difference，DID）对上市公司样本进行因果识别，研究发现《中国制造2025》能够显著提升制造业创新转型，并且在高技术样本有更显著的结果，《中国制造2025》通过促进企业研发投入强度和政府支持推动制造业转型升级，政府政策总体上是有正向效果的。然而，正如伯特兰德（Bertrand et al.，2004）的发现，即便是在没有真实政策冲击的时候，使用DID方法也有可能凭空估计出政策效果。更重要的是，逯东、池毅（2019）的研究至少存在以

下三方面的问题：一是处理组是制造业企业，控制组是除制造业以外其他行业的企业，但很显然这样的控制组在因果识别中并不可靠，比如农、林、牧、渔业就跟制造业存在很大区别，不一定能作为制造业的反事实；二是假如政策有正向效果，那么与制造业紧密相关的行业也会间接受到政策影响，即政策产生外溢效应，此时个体处理稳定性假设（SUTVA 假设）不再满足，因此传统 DID 设计失效；三是样本期间有其他政策干扰，比如 2016 年开始的"十三五"规划，然而作者在实证分析过程中对此却并没有进行讨论。

　　比较多文献关注到资本配置的作用渠道（钱雪松等，2018），然而人才配置也是政府政策影响全要素生产率的中间途径。学者们对人力资本配置的研究，最早可以追溯到西方经济学对要素配置的讨论。人力资本是具有一种创新能力的生产要素，对人力资本配置进行分析依然要在资源配置的大框架下展开，因此，有必要花一定篇幅介绍资源配置方面的文献。近些年学术界对要素配置相关的实证研究大致可以分为两类，一类是沿着雷斯图恰和罗森杰森（Restuccia and Rogerson，2008）的思路进行拓展，另一类是在谢长泰和克雷诺（2009）的基础上展开。但是这些研究主要是从整体角度考虑，因此得到的是各类扭曲因素综合作用下的净效果，而较少讨论某一特定类型的扭曲。从实践价值来看，当前中国人力资本过度集中在金融、电信、等高度管制行业，人力资本的非有效配置已经成为制约中国经济转向高质量发展的主要因素（李静等，2019）。因此，本书的研究将为进一步深化市场化改革、减少资源配置扭曲、推动实体经济高质量发展提供新的理论认知。

6.1　政策背景、内容和研究假设

6.1.1　政策背景

研究《中国制造 2025》的政策背景将有助于我们判断政策冲击是否具有足够的外生性，而这会影响到研究方法的选择，本节将分别从世界背景、国内背景加以分析。在新一轮科技革命和产业变革的全球背景下，以美国为代表的发达国家先后制定并出台"再制造业化"战略，其目的不单单是要实现传统制造业的再回归，更重要的是增强高附加值环节的竞争力，带动实体经济进一步发展，美国的再制造业化战略关注的是新能源、新材料、生物技术等，法国"工业振兴新计划"关注的主要是知识与技术密集型产业（国务院发展研究中心"发达国家再制造业化战略及对我国的影响"课题组、李伟、刘鹤等，2013）。

在国内，发展实体经济一直是中国政府长期坚持的重大战略举措。不论经济发展到哪一阶段，实体经济始终都是中国经济发展的根基（黄群慧，2017）。党的十六大报告、党的十八大报告都提及实体经济，并且党的十九大报告明确提出，必须把发展经济的着力点放在实体经济上，此外，政府工作报告、中央经济工作会议分别在不同场合强调振兴和发展实体经济，中央政府对实体经济寄予厚望。因此，2015 年 5 月国务院制定正式出台《中国制造2025》发展战略，这是第一份旨在为制造业长期发展指明方向的纲领性战略规划，理论界和政府部门将这一规划作为未来十年甚至更长时期的指导中国制造业振兴发展的行动纲领（黄群慧、贺俊，2015）。

从国内三次产业发展变化来看，2013 年服务业在产业结构占比首次超过工业，到 2018 年的时候服务业在国内生产总值占比达到 52.2%，经济服务化呈现持续强化的趋势。在这一背景下，传统意义上高投入粗放式的工业增长方式不可持续。因此，经济发展过程中面临的瓶颈和问题倒逼改革，制造业战略定位重新调整已经势在必行。在广泛调研和论证的基础上，2015 年中央政府制定并出台了《中国制造2025》的国家战略，目的在于推动中国从制造大国向制造强国转变（江飞涛、李晓萍，2018）。

综合来看，政策不是随机制定的，因为在《中国制造2025》正式发布之前，发达国家已经在逐步实施"再制造业化"战略，党的十八大报告和政府工作报告也强调了发展实体经济的立场，在国际和国内因素的双重影响下，《中国制造2025》的出台是一项完全可能被预期到的事件。此外，为了具体落实《中国制造2025》，政府陆续出台了配套的辅助性产业政策，《制造业人才发展规划指南》就是其中之一。

6.1.2　《中国制造 2025》十大重点领域的主要内容

事实上，我们国家很多政策都是先筛选出重点部分，然后对重点领域重点推进，《中国制造 2025》及与之配套的《制造业人才发展规划指南》就秉承了这一思路，并且将十大重点领域作为政策重心。我们手工整理得到《中国制造 2025》十大重点领域与制造业二位数行业的对应表（见表 6 – 1），从而得到具体的十大重点行业。本书采用的数据截至 2018 年，即涵盖了政策实施后的 4 期数据，因此是对《中国制造 2025》政策效果的中期检测。

表 6 – 1　　　《中国制造 2025》十大重点领域与制造业行业对应表

序号	十大重点领域	证监会行业分类（2012 年）
1	新一代信息技术产业	——
2	高档数控机床和机器人	C34 通用设备制造业、C39 计算机、通信和其他电子设备制造业
3	航空航天装备	C37 铁路、船舶、航空航天和其他运输设备制造业、C43 金属制品、机械和设备修理业
4	海洋工程装备及高技术船舶	C37 铁路、船舶、航空航天和其他运输设备制造业、C40 仪器仪表制造业
5	先进轨道交通装备	C37 铁路、船舶、航空航天和其他运输设备制造业
6	节能与新能源汽车	C38 电气机械和器材制造业、C36 汽车制造业
7	电力装备	——
8	农机装备	——
9	新材料	C28 化学纤维制造业
10	生物医药及高性能医疗器械	C27 医药制造业、C35 专用设备制造业

注：《制造业人才发展规划指南》是《中国制造 2025》的配套政策，因此《制造业人才发展规划指南》十大重点领域与《中国制造 2025》十大重点领域一致。

资料来源：作者整理。

6.1.3　研究假设

资源错配程度加剧会造成微观经济主体没有发展活力，经济增长缺乏创新动力，甚至引发社会矛盾。理论研究很早就发现，改善资源配置是全要素生产率进步的重要源泉（龚关、胡关亮，2013；张志强，2015；蔡昉，2018；王兵、王启超，2019）。我们感兴趣的问题是，《中国制造2025》十大重点领域政策是否提高企业全要素生产率以及政策作用渠道是否来源于人才配置优化。一个相对简单的标准，在只考虑内涵型错配的情况下，边际生产效率高的企业应当获得更多的资源投入，直到各类生产要素的边际收益产品的横截面差异完全消失，即要素的边际收益产品相等，资源重新配置将无法进一步提高总产出，此时资源配置状态达到最优。理论上，任何偏离最优配置的状态就是资源错配，资源错配会造成全要素生产率损失。

1. 谁能有效配置人力资本：政府还是市场？

本书在一个没有市场扭曲的理想化环境中考虑"有形之手"和"无形之手"究竟谁能实现人力资本的最优配置。

（1）消费者。

假定代表性消费者的效用函数符合 CES 形式。

$$U_t = \left(\sum_{i=1}^{N} (Y_{it}^c)^{\frac{\gamma_t-1}{\gamma_t}} \right)^{\frac{\gamma_t}{\gamma_t-1}} \tag{6.1}$$

效用函数的字母含义与常见的标准含义一致，Y_{it}^c 表示消费者在时期 t 对企业 i 生产产品的需求量，γ_t 是产品替代弹性。

（2）生产者。

垄断竞争的市场结构比较常见，假定行业内有一批数量庞大的异质性企业[①]，数量记为 N，每个企业的产品存在一定的差异，产品之间满足一定程度的可替代性。生产函数是 Cobb – Douglas 形式。

$$Y_{it}^p = TFP_{it}(K_{it}^p)^{\beta_k}(L_{it}^p)^{\beta_l}(H_{it}^p)^{\beta_h} \tag{6.2}$$

式（6.2）中，生产函数的字母含义与常见的标准含义一致，其中，TFP_{it} 是我们关注的变量。接下来，在静态框架下考虑时期 t 要素供给总量给定情况下人力资本的最优配置，目标函数是社会福利最大。

在无摩擦环境下的企业分散决策，目标函数是利润最大化。

---

① 如果企业同质，那么资源配置给任何一家企业都是无差异的，此时就不存在资源配置问题。

$$\max_{K_{it}, L_{it}, H_{it}} \prod_{it} = Y_{it}P_{it} - (r_t K_{it} - w_t^l L_{it} - w_t^h H_{it}) \tag{6.3}$$

$$\text{s. t. } Y_{it} = TFP_{it}K_{it}^{\beta_k}L_{it}^{\beta_l}H_{it}^{\beta_h}$$

（3）政府。

政府决策资源配置的目标函数是社会福利最大化，并且要满足市场出清条件。

$$\max_{\{K^p_{1t}, L^p_{1t}, H^p_{1t}\}\dots\{K^p_{Nt}, L^p_{Nt}, H^p_{Nt}\}} U_t = \left(\sum_{i=1}^{N} (Y_{it}^c)^{\frac{\gamma_t-1}{\gamma_t}} \right)^{\frac{\gamma_t}{\gamma_t-1}}$$

$$\text{s. t. } Y_{it}^p = TFP_{it}(K_{it}^p)^{\beta_k}(L_{it}^p)^{\beta_l}(H_{it}^p)^{\beta_h};$$

$$\sum_{i=1}^{N} K_{it}^p = \overline{K}_t; \quad \sum_{i=1}^{N} L_{it}^p = \overline{L}_t; \quad \sum_{i=1}^{N} H_{it}^p = \overline{H}_t; \tag{6.4}$$

$$Y_{it}^p = Y_{it}^c$$

（4）均衡的人力资本配置。

无论是考虑"有形之手"（政府配置）还是考虑"无形之手"（市场配置），求解最优人力资本配置的显性表达式是一致的①。

$$H_{it}^{optimal} = \frac{\left\{ \exp\left[\left(\frac{\gamma_t-1}{\gamma_t} \right) \times \ln TFP_{it} \right] \right\}^{\frac{-\gamma_t}{(\beta_k+\beta_l+\beta_h)(\gamma_t-1)-\gamma_t}}}{\sum_{i=1}^{N} \left\{ \exp\left[\left(\frac{\gamma_t-1}{\gamma_t} \right) \times \ln TFP_{it} \right] \right\}^{\frac{-\gamma_t}{(\beta_k+\beta_l+\beta_h)(\gamma_t-1)-\gamma_t}}} \overline{H}_t \tag{6.5}$$

此时，可以计算人力资本配置效率，其中，$H^{optimal}$ 是最优人力资本配置，H^{real} 代表实际人力资本配置。

$$H\_allocation = \ln\left[\frac{H^{optimal}}{H^{real}} \right] \tag{6.6}$$

上述模型参考了尹恒、李世刚（2019），因此有必要强调本书的特别之处。在我们的模型中，我们简化了需求侧偏好差异，并且在供给侧我们重点考虑了人力资本和全要素生产率，而尹恒、李世刚（2019）把全要素生产率归纳在综合异质性里面，不考虑人力资本配置这一特定渠道。更重要的是，本书发现改善人力资本配置，可以同时实现全要素生产率提升和社会福利增

---

① 同理可得资本、劳动的最优配置，本书对此不做过多阐述。

加的"双重红利"，因为效用是通过消费产出实现，所以效用最大化与产出最大化是一致的。因此，改善人力资本配置可以同时实现全要素生产率和社会福利最大化。

更重要的是，我们进一步推断，在信息对称并且不存在激励问题的前提下，无论是行政命令型的计划经济体制还是分散决策的市场经济体制，理论上都可以实现资源最优配置，促进全要素生产率提升，最大化社会福利。

2. 人力资本配置影响全要素生产率的中介机制：理论推断

经济学家很早就发现，虽然存在要素边际报酬递减规律，但是人力资本的正外部性仍然可以推动长期经济增长。然而，尽管中国逐步扩大高等教育规模，人力资本总量整体呈现扩张的趋势，但是如果不能解决好资源配置问题，那么经济规模越大错配可能就越严重，从而对经济增长产生更显著的负向影响。因此，对于当前的中国经济而言，合理配置现有人力资本存量极其重要（李静、刘霞辉、楠玉，2019）。

为此，我们将区分两种类型的人力资本配置，在此基础上讨论人力资本配置对全要素生产率的影响机制。第一种是人力资本存量配置，受到学术界广泛认可的观点是，人力资本具有一定的创新能力，通过创新活动影响全要素生产率，并且对经济增长起到决定性作用，代表性的学者比如罗默（Romer）。从存量角度看，与虚拟部门相比，实体部门的人力资本水平严重偏低，实体部门创新能力不足负向影响了全要素生产率。第二种是人力资本增量配置。卢卡斯（Lucas，1988）强调人力资本积累是经济增长的主要驱动力，国家间经济增长的差异主要就是由于人力资本积累速度的差异。从增量角度看，尽管实体部门的人力资本呈现逐年增长的趋势，但是实体部门的增速低于虚拟部门增速。需要说明的是，在本书的实证分析中，我们更关注人力资本存量对全要素生产率的影响，而把人力资本增量对全要素生产率的影响作为辅助识别策略。

本书将人力资本配置影响全要素生产率的作用机制分为三个步骤。第一步，实体部门和虚拟部门相对报酬结构的扭曲导致人力资本偏向具有垄断特征的虚拟部门（Acemoglu，1995；李静、刘霞辉、楠玉，2019）。我们借鉴纪雯雯、赖德胜（2018）的思路，把人力资本配置区分为垂直化和沉淀化。具体地说，尽管中国在逐步推进市场化改革，但是具体到各个行业，市场化改革的进度存在明显差异，在一部分制造业行业市场化改革已经比较彻底，有标准化的生产流程，比如农副食品加工、食品制造等，对于接近完全竞争的行业而言，劳动报酬由劳动力市场供给和需求决定；但是在以金融业为代表的虚拟经济，垄断程度是社会平均垄断程度的 1.5 倍左右，行业内仍然存在大量垄断租金，劳动报酬跟非市场化因素紧密相关，由此导致人力资本配置垂直化；同样重要的是，人力资本在实体部门和虚拟部门存在流动障碍，除了货币化报酬，劳动力还可以在垄断部门获得非货币回报（比如就业的稳定性等体制内福利），因此微观个体不愿意从垄断部门流向竞争部门，引起人力资本配置沉淀化。

第二步，具体又包括两条路径。（1）"人力资本→技术创新→全要素生产率"。人力资本是实现技术创新的必要条件，在人力资本配置不足的情况下，单纯依靠加大研发经费投入对技术创新的作用比较有限。根据全国科技经费投入统计公报，制造业科技经费占国内生产总值比重已经超过 2%，在研发创新活动中，人力资本和研发资金具有强烈的互补性，因此，尽管中国制造业的研发经费投入力度很大，但是人力资本不足导致研发投入"空转"，由此产生研发投入持续增大和全要素生产率递减并存的现象，即在学术界引起广泛关注的"索洛悖论"。由于制造业技术创新能力和全要素生产率没有显著提高，因此实体经济长期增长动力不足。（2）"人力资本→技术扩散→全要素生产率"。在实际生产活动中，企业主动会向同一行业内的先进企业学习技术、管理等以降低生产成本，并且人力资本越高的企业学习能力越强。我们可以通过一个简单的思想实验说明，假设 A 企业和 B 企业都是知识密集型企业，A 企业从国外引进了一项新技术，B 企业通过模仿很快就掌握了新技术，行业全要素生产效率极大提高。但是如果 A 企业和 B 企业人力资本强度都很低，那么它们需要很长时间才能消化新技术，新技术扩散的速度比较慢导致行业全要素生产率在一定时间范围内不存在明显改善。

第三步，生产率差异进一步影响报酬结构，人力资本配置垂直化和沉淀化趋势加强。在第一步和第二步的综合作用下，实体部门和虚拟部门的生产率差距使得人力资本货币回报倒置，受过良好教育的劳动力在职业选择的时候会根据薪酬激励变化做出判断并形成预期，因此人力资本过度配置到虚拟行业的倾向进一步强化，又返回到第一步形成闭环（见图 6 - 1）。

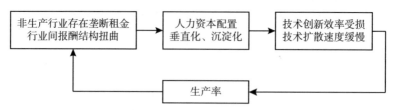

图 6 - 1　人力资本配置影响生产率的三个步骤

资料来源：作者绘制。

综上分析，《中国制造 2025》十大重点领域政策对全要素生产率产生了复杂影响，既可能提升重点行业全要素生产率，也可能没有显著影响。因此，本书提出如下竞争性研究假设。

假设 6.1a，与对照组相比，《中国制造 2025》十大重点领域的实施促使处理组企业全要素生产率提升；

假设 6.1b，与对照组相比，《中国制造 2025》十大重点领域的实施对处理组企业全要素生产率没有显著影响；

假设 6.2a，人才配置改善是《中国制造 2025》十大重点领域政策影响处理组企业全要素生产率的中间机制；

假设 6.2b，人才配置改善的作用机制不显著，《中国制造 2025》十大重点领域政策对影响处理组企业全要素生产率没有显著影响或者存在其他影响机制。

6.2　因果识别策略

本书之所以选择《中国制造 2025》十大重点领域政策作为准自然实验，原因在于，第一，《中国制造 2025》把人才资源作为建设制造强国的根本，"人才"是《中国制造 2025》高频出现的关键词，并且出台了《制造业人才发展规划指南》作为配套的功能性产业政策；第二，《中国制造 2025》是一项支持技术创新的产业政策，因此我们有理由推测，政策会对制造业全要素生产率产生一定影响。我们认为政策实施的时间是 2015 年，因此，2015 年之前和 2015 年之后（含 2015 年）构成时间维度的一重差分，而十大重点领域企业和十大重点领域之外的制造业企业构成另一维度的一重差分，在识别方法方面，本章主要参考了钱雪松等（2018）。

然而，如果直接使用双重差分法，由于因果识别的前提条件不一定成立，此时就不能有效识别政策效应。首先，尽管双重差分法可以把处理组和控制组之间不随时间变化的异质性差分掉，但是如果处理组和控制组的初始条件就有显著差异，那么双重差分的估计仍然有偏，比如《中国制造 2025》十大重点领域的选择并非随机，有可能是整体绩效越好或者增长较快的行业入选，即"靓女先嫁"现象。另外，如果某个行业是发达国家也在重点推进的产业，那么该行业也更有可能入选《中国制造 2025》重点领域。其次，个体处理稳定性假设，只有当个体处理稳定性假设成立时，控制组才能作为处理组的反事实，此时双重差分法识别的才是政策的因果效应。个体处理稳定性假设的关键是，每个个体的潜在结果不会由于其他个体是否接受处理而不同。如果《中国制造 2025》十大重点领域政策对处理组有影响，但同时由于重点领域的制造业行业与控制组的特定产业存在极强的关联，在一般均衡效应下政策对控制组同样也会产生外溢影响，即处理组与控制组因政策干预产生交互影响，在这种情况下直接使用双重差分估计的结果会受到质疑。

理想的识别方法是，比较同一家企业在属于《中国制造 2025》十大重点领域和不属于《中国制造 2025》十大重点领域的全要素生产率差别，当这样的样本足够多时，对所有样本进行加权平均就可以得到政策效应（平均处理效应）。但是，现实中我们只能观测到同一企业的实际状态，不可能同时观测到实际状态和潜在状态。因此，本书准备使用倾向得分匹配和双重差分结合的方法（PSM - DID）。具体而言，我们考虑先对重点领域和非重点领域样本进行倾向得分匹配，在匹配过程中将样本分为处理组和控制组，处理组是十大重点领域的企业，控制组是没有入选十大重点领域的企业。匹配变量包括企业总资产、固定资产净额、平均工资水平、员工人数、上市年限和负债率，然后通过 Logit 概率公式计算企业入选重点领域的预测概率值，再使用倾向得分匹配法（PSM）

将预测概率值相近的处理组样本和控制组样本进行配对，进而构建与处理组可测量特征相似的"反事实"，然后进行双重差分估计，模型如下：

$$\ln TFP_{fit} = \alpha_0 + \alpha_1 ManuI_f \times Post_{it} + \sum Industry + \sum Year + Control + \varepsilon_{fit}$$

$$(6.7)$$

在基准模型中，被解释变量是上市公司全要素生产率对数，下标 f 表示企业，i 表示行业，t 表示年份，交互项的系数 α_1 是本书感兴趣的政策效应系数，$ManuI_f$ 和 $Post_{it}$ 是虚拟变量，当企业属于重点行业时，$ManuI_f$ 取 1，否则取 0；当行业属于《中国制造 2025》十大重点领域且年份大于等于 2015 年时，$Post_{it}$ 取 1，否则取 0；$Industry$ 表示行业固定效应，吸收了行业固有特征对估计的影响，比如行业本身的某些不可观测特征，$Year$ 是年份固定效应，吸收了年份特征对估计的影响，比如当年宏观经济政策。$Control$ 代表控制变量，ε_{fit} 代表扰动项。

图 6-2 展示了处理状态 D、协变量 X 和结果变量 Y 之间的因果关系链。需要强调的是，我们识别的是《中国制造 2025》十大重点领域政策的实施效果，而不是《中国制造 2025》的整体效果。基本逻辑是，假设 A 和 B 属于某个集合，满足 $\Delta A + \Delta B = \delta$，其中 δ 是一个无穷小的正数，因此 ΔA 和 ΔB 至少有一个是正数，如果可以证明 $\Delta A > \Delta B$，那么 ΔA 一定是正数。具体到本书，ΔA 表示《中国制造 2025》十大重点领域实施前后十大重点领域的全要素生产率变化，ΔB 表示政策实施前后十大重点领域之外其他行业全要素生产率的变化。根据第 3 章的基本事实，我们都认可，中国制造业全要素生产率是增长的，但是增速比较低，因此，本书要检验《中国制造 2025》十大重点领域是否有效，就是要验证的就是政策实施前后，ΔA 是否显著大于 ΔB。

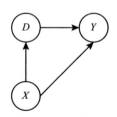

平均处理效应（ATE）、参与者平均处理效应（ATT）、选择偏误（SB）

图 6-2 D、X 和 Y 之间的因果关系链

6.3 数据处理、识别条件检验与实证结果

6.3.1 数据来源与变量选择

首先，数据来源。本书的实证数据来源于 2012～2018 年沪深上市公司数据，剔除了被 ST 样本或数据缺失严重的样本，并且对关键指标左右各 0.5% 缩尾处理，得到 2 211 家企业共计 11 993 个观测的非平衡面板数据。需要说明的是，样本起始年份之所以选择 2012 年，一是因为证监会 2012 年修订了上市公司行业分类，二是可以避免"十二五"规划的干扰，从因果效应来看，样本期内其他干扰政策越少越"干净"，越有利于识别。

其次，变量选择。被解释变量是上市公司全要素生产率，在基准回归中我们使用 ACF 方法计算全要素生产率，用 LP 方法计算全要素生产率作为稳健性检验。我们关心的解释变量是交互项的系数符号及显著性，控制变量包括企业规模、上市年限、权益负债率、流动比率、营业利润率、管理费用率、是否国有企业，变量定义详细说明参见表 6 - 2。

表 6 - 2　　　　　　　　　　变量详细说明

类型	变量	说明
被解释变量	上市公司全要素生产率	通过 ACF、LP 方法计算
核心解释变量	政策效应观测项	两个虚拟变量交互
控制变量 1	企业规模	员工人数（对数）
控制变量 2	上市年限	观测会计年度 - 上市年份 + 1
控制变量 3	权益负债率	所有者权益合计/负债合计（对数）
控制变量 4	流动比率	流动资产合计/流动负债合计（对数）
控制变量 5	营业利润率	营业利润/营业收入（对数）
控制变量 6	管理费用率	管理费用/营业总收入（对数）
控制变量 7	是否国有企业	国有企业取值 1，非国有企业取值 0

类型	变量	说明
控制变量8	行业固定效应	行业虚拟变量
控制变量9	年份固定效应	年份虚拟变量

资料来源：作者整理。

6.3.2　匹配变量、平衡性检验及重叠假定

首先，匹配变量及平衡性检验。根据企业是否属于《中国制造2025》十大重点领域将制造业样本分为重点领域企业（处理组）和非重点领域企业（控制组）。然后，借助企业层面的匹配变量，采用倾向得分匹配法为处理组样本匹配特征最相近的控制组样本。倾向得分匹配所用到的协变量包括总资产（$cov1$）、固定资产（$cov2$）、平均工资水平（$cov3$）、员工人数（$cov4$）、企业年龄（$cov5$）和负债率（$cov6$）。按照本书的分析，入选十大重点领域的行业是经济绩效比较好或者成长比较快的行业，而行业经济绩效或者增长速度与企业的上述变量高度相关。接下来，我们采用常用的 logit 模型估计倾向得分值。

$$\text{logit}(manuI = 1) = \varphi(cov1, \cdots, cov6) \tag{6.8}$$

匹配方法选择卡尺内最近邻匹配，按照 1∶1 有放回匹配。根据平衡性假设检验，我们发现，匹配之前，处理组和控制组存在显著差异，匹配之后处理组和控制组的偏离度小于10%，并且 T 检验的结果显示，不能拒绝处理组和控制组不存在系统差异的原假设（见表6-3）。因此，通过倾向得分匹配之后变量在处理组和控制组之间变得平衡。

表6-3　　　　　　　　　　平衡性假设检验

变量	匹配阶段	平均值		偏离度	降低幅度	T 检验	
		处理组	控制组	（％）	（％）	T 值	P 值
企业规模	匹配前	3.9471	4.2963	-4.9	74.1	-2.59	0.009
	匹配后	3.9543	4.0449	-1.3		-0.73	0.468

续表

变量	匹配阶段	平均值		偏离度	降低幅度	T 检验	
		处理组	控制组	（%）	（%）	T 值	P 值
上市年限	匹配前	8.6137	9.6371	-15.4	92.1	-8.21	0.000
	匹配后	8.605	8.6856	-1.2		-0.72	0.468
权益负债率	匹配前	3.3802	2.9613	9.8	98.4	5.22	0.000
	匹配后	3.3546	3.3615	-0.2		-0.11	0.915
流动比率	匹配前	3.1393	2.5106	18.3	92.9	9.53	0.000
	匹配后	3.101	3.0561	1.3		0.76	0.450
营业利润率	匹配前	0.09915	0.08222	10.0	92.9	5.09	0.000
	匹配后	0.10056	0.10176	-0.7		-0.38	0.705
管理费用率	匹配前	0.11813	0.07704	63.4	98.8	32.15	0.000
	匹配后	0.11653	0.11701	-0.7		-0.41	0.684
是否国有企业	匹配前	0.23612	0.30041	-14.5	89.4	-7.76	0.000
	匹配后	0.23666	0.22983	1.5		0.96	0.338

其次，重叠假定（Common Support）。倾向得分匹配的重叠假定要求处理组和控制组两个子样本的倾向得分（PS 值）拥有足够的交集，以保证能为处理组找到与控制组匹配的样本。根据图 6-3 的匹配前后倾向得分核密度分布，发现匹配前后处理组和控制组的倾向得分重叠域有明显提高，且匹配之后处理组和控制组的倾向得分核密度接近重合，说明重叠假定得到满足，匹配之后只是损失较少样本（295 个观测）。总的来看，经倾向得分匹配后，两类样本的基本特征较为相似，样本的匹配效果比较理想。

此外，表 6-4 还提供了倾向得分匹配之后企业是否处于共同取值范围的描述性统计，处于共同范围的企业数量共计 11 681 个，其中，属于《中国制造 2025》十大重点领域的企业 7 027 个，十大重点领域之外的制造业企业 4 654 个。

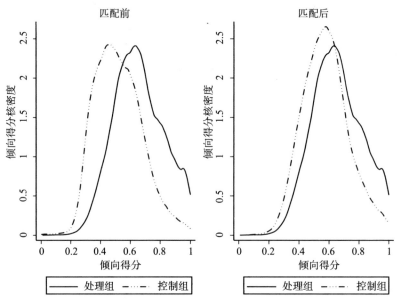

图 6 - 3　匹配前后的倾向得分核密度分布

注：On support 表示处于共同取值范围，Off support 表示共同取值范围之外。

表 6 - 4　　　　　　　　　　　共同取值范围描述性统计

政策干预分配	共同取值范围		总计
	共同范围之外的企业数量	共同范围之内的企业数量	
控制组	3	4 654	4 657
处理组	16	7 027	7 043
合计	19	11 681	11 700

6.3.3　基本结果

基于前文倾向得分匹配得到的处理组和控制组，这里将根据研究设计建立的双重差分模型识别《中国制造 2025》十大重点领域政策对重点企业全要素生产率的政策效应，本节汇报基本结论并验证研究假设 6.1。

回归结果如表 6 - 5 所示，政策效应项的系数大小和显著性是本书关心的变量，模型（1）的结果表明，交互项的系数是 0.0098，并且在 1% 水平上显著。模型（2）证明，换用其他方法计算全要素生产率不会影响基本结论。由于被解释变量是全要素生产率对数，根据半对数模型斜率系数的经济学含义，我们发现，与十大重点领域之外的制造业企业相比，实施《中国制造 2025》后十大重点领域的企业全要素生产率比政策实施之前提升了 0.98%。

表 6 - 5　　　　　　　　　　　　　DID 模型估计结果

变量	（1） ln*tfp_acf*	（2） ln*tfp_lp*
政策效应项	0.00980 *** (0.00319)	0.00943 *** (0.00267)
是否为处理组	- 0.106 *** (0.0180)	- 0.0515 *** (0.0160)
政策实施前后	- 0.00796 ** (0.00324)	0.0160 *** (0.00267)
企业规模	0.00371 *** (0.000345)	0.00539 *** (0.000434)
上市年限	0.00390 *** (0.000329)	0.00342 *** (0.000285)
权益负债率	- 0.00469 *** (0.00107)	- 0.00568 *** (0.00118)
流动比率	0.00256 * (0.00143)	0.00327 ** (0.00142)
营业利润率	- 0.0116 (0.0176)	0.0122 (0.0150)
管理费用率	- 1.060 *** (0.0690)	- 0.766 *** (0.0576)
是否国有企业	- 0.0174 *** (0.00512)	0.00253 (0.00440)
行业固定效应	YES	YES
年份固定效应	YES	YES

变量	（1）	（2）
	ln*tfp_acf*	ln*tfp_lp*
Constant	1.720 *** （0.0137）	1.968 *** （0.0127）
Observations	11 700	11 700
R-squared	0.605	0.608

Robust standard errors in parentheses

注：*** 表示 $p < 0.01$，** 表示 $p < 0.05$，* 表示 $p < 0.1$。

需要强调的是，《中国制造 2025》十大重点领域政策对重点企业全要素生产率具有显著的正向促进作用，但是这一结果经历了从不显著到显著为正的变化过程，并且仍存在增长空间。原因在于，政府实施的重点领域政策对重点企业全要素生产率的促进作用是 0.98%，而制造业整体的全要素生产率年均增速大约是 3%。换句话说，十大重点领域全要素生产率高于非重点领域全要素生产率，制造业整体全要素生产率是增长的，因此《中国制造 2025》十大重点领域政策取得一定效果。

6.3.4 稳健性检验

1. 使用虚假政策实施年份进行安慰剂检验

为了证明基本结果是可信的，本书使用虚假年份检验政策效应是否仍然存在。我们的思路是，在政策实施之前，假如双重差分模型依然识别出政策效应，那么说明基本结果是不稳健的；但是在政策实施之前，如果双重差分模型检验政策效应不显著，那么就间接证明基本结果具有稳健性。

我们发现，假设《中国制造 2025》十大重点领域政策时间发生在 2012年、2013 年或者 2014 年，此时处理组和控制组的全要素生产率的差异没有显著变化（政策效应项不显著），这说明处理组和控制组的差异确实是由于2015 年的政策引起的，基本结果并非由于其他政策或者偶然因素导致，因此基准结果是可信的（见表 6-6）。

表 6 - 6　　　　　　　　　　使用虚假政策实施年份的回归结果

解释变量	假设在 2012 年实施	假设在 2013 年实施	假设在 2014 年实施
政策效应项	0.00549 (0.00529)	0.00951 (0.00625)	0.00549 (0.00529)
其他控制变量	YES	YES	YES
行业固定效应	YES	YES	YES
年份固定效应	YES	YES	YES

注：括号里的数字是稳健标准误。

2. 考虑其他政策的影响

其次，在常见的政策评估研究中，需要进一步排除样本期间其他政策对因果识别的干扰。具体来说，考虑到研究期间内（2012～2018 年），除了《中国制造 2025》重点政策以外，还包括国家层面的"十三五"规划（2016～2020 年）。首先，2016 年出台的"十三五"规划包含制造业并且明确提出了大力实施《中国制造 2025》。尽管如此，我们认为"十三五"规划对因果识别并不会构成威胁，因为"十三五"规划明确支持的是整个制造业、先进制造业或装备制造业，这与《中国制造 2025》区分重点行业和非重点行业的思路存在显著差别，不会影响到制造业内部重点领域和非重点领域的差异。事实上，发生在制造业整体层面的政策冲击在双重差分过程中会被差分掉。因此，"十三五"规划政策不会对《中国制造 2025》重点政策评估的因果识别产生干扰。

6.4　人才配置中间机制检验

6.4.1　中介效应模型

根据前面的分析，《中国制造 2025》十大重点领域政策对全要素生产率有正向促进，但是作用很有限。政府政策影响全要素生产率的机制是什么？

人才配置的作用渠道是否显著？这些是本节要进一步探究的问题，即检验研究假设6.2，参考机制检验的常用做法，本书建立中介效应模型验证政府政策是否通过人才配置显著影响企业全要素生产率。

$$\begin{cases} \ln TFP_{ijt} = \alpha_0 + \alpha_1 Post_t \times ManuI_{ij} + \sum Industry + \sum Year \\ \qquad\qquad + Control + \varepsilon_{ijt} \\ TalentA_{it} = \beta_0 + \beta_1 Post_t \times ManuI_{ij} + Control' + \varepsilon'_{it} \\ \ln TFP_{ijt} = \theta_0 + \theta_1 Post_t \times ManuI_{ij} + \theta_2 TalentA_{it} + \sum Industry \\ \qquad\qquad + \sum Year + Control + \varepsilon_{ijt} \end{cases} \qquad (6.9)$$

其中，$TalentA_{it}$ 是行业层面人才配置，采用规模以上企业研发人员数量（对数）进行衡量，数据来自《中国科技统计年鉴》。实际上，在企业从事研发工作的就业人口，通常是接受过高等教育的劳动力，因此，行业人才配置的差异主要来源于数量维度。中介效应模型回归系数的含义，α_1 是十大重点领域政策产生的总因果效应，β_1 为十大重点领域政策对人才配置的影响，θ_1 表示控制人才配置以后十大重点领域政策产生的直接效应。

下面对可能出现的结果分别说明。如果 β_1 统计上不显著，那么人才配置的作用机制不显著，此时假设6.2b成立。如果 β_1 显著，θ_1 不显著并且 θ_2 显著，那么人才配置起到了完全中介作用，此时假设6.2a成立。如果 β_1 显著，θ_1 显著并且 θ_2 显著，那么人才配置起到了部分中介作用，此时同样也是假设6.2a成立。

6.4.2 机制检验结果

对中介效应模型进行估计，结果如表6-7所示[①]。其中，《中国制造2025》十大重点领域政策对企业全要素生产率的总因果效应具有显著性影响，与基本发现接近；然而政策使得十大重点领域人才配置显著降低4.6%；在控制人才配置后，政府政策对全要素生产率依然存在显著正向影响，且系数

---

① 规模以上企业研发人员数据（对数）只到2017年，因此机制检验估计值与基本结果估计值的数值大小有差异，但符号一致。

变大，直接效应大于总因果效应，但是人才配置系数不显著，人才配置既不是完全中介，也不是部分中介，假设 6.2b 成立。机制检验结果表明，由于人才配置流失，《中国制造 2025》十大重点领域政策的正向效果并没有被充分释放，所以政策实施的净效果还存在较大提升空间。

表 6 - 7　　《中国制造 2025》十大重点领域政策对全要素生产率的影响机制

被解释变量	全要素生产率（对数）	人才配置	全要素生产率（对数）
	（1）	（2）	（3）
人才配置			0. 01549 （0. 02186）
政策效应项 （交乘项）	0. 01170 ** （0. 00510）	- 0. 04615 *** （0. 00238）	0. 01241 ** （0. 00520）
行业固定效应	YES	YES	YES
年份固定效应	YES	YES	YES
观测数	9 638	9 638	9 638
调整 R^2	0. 2130	0. 9960	0. 2130

注：括号里的数字是稳健标准误。

6.5　本章小结

政府出台过许多与制造业或者实体经济紧密相关的政策，其中《中国制造 2025》最引人关注，这项政策作为国家战略对中国经济的影响是复杂的。本章系统梳理了《中国制造 2025》十大重点领域政策的内容，在此基础上提出了两方面竞争性假说：一是政策对处理组全要素生产率是否产生正向影响；二是政策的作用机制，人才配置是否政策影响重点领域企业全要素生产率的中间渠道。

数据来源是制造业上市公司 2012 ~ 2018 年数据，以 2015 年为政策实施年份，《中国制造 2025》十大重点领域内的企业作为处理组，借助 PSM - DID

方法识别政府政策的因果效应。我们发现，《中国制造 2025》十大重点领域政策对重点企业全要素生产率具有显著的正向促进作用，平均而言，重点政策促进企业全要素生产率提高 0.98%。重点政策对企业全要素生产率的影响经历了不显著到逐渐显著为正的变化过程，对经济的带动效应是逐步释放的且仍然存在较大的增长空间。机制检验表明，重点政策并不是通过人才配置改善的渠道影响处理组企业全要素生产率，因此，下一步的政策应当着力于优化金融和实体经济之间人才配置，释放人才红利。

此外，本章结论的外延及政策建议。本章的比较发生在制造业内部，十大重点领域与其他行业相比，《中国制造 2025》十大重点领域企业的全要素生产率实现了增长，并且还存在进一步增长空间。同时，结合前文基本事实可知，制造业整体全要素生产率增长相对缓慢，因此我们推断，《中国制造 2025》十大重点领域政策正向促进了制造业全要素生产率提升，但是政策取得的实际效果与政策最初目标存在差距，因此未来政策调整的重点是，致力于解决制造业人才配置不足的问题，以高质量人力资本促进实体经济高质量增长。

第7章 结 语

7.1 研究结论

　　贯彻落实高质量发展新理念，提升全要素生产率水平，改善金融和实体经济之间人才配置非常关键。2021年中央人才工作会议提出，新的历史起点上，坚持面向世界科技前沿、面向经济主战场、面向国家重大需求、面向人民生命健康，深入实施新时代人才强国战略，加快建设世界重要人才中心和创新高地，为2035年基本实现社会主义现代化提供人才支撑，为2050年全面建成社会主义现代化强国打好人才基础。作为科技创新的主战场，实体经济是立国之本、强国之基，对保持经济繁荣稳定具有十分重大的意义。为此，《中华人民共和国国民经济和社会发展第十四个五年规划和2035年远景目标纲要》明确要求，保持制造业比重基本稳定，增强制造业竞争优势，推动制造业高质量发展。与"十三五"规划目标相比，"十四五"规划的要求发生了明显转变，这是中国政府基于对国际国内环境变化和长期发展趋势做出的重大判断。要想实现这一目标，增强生产创新部门对优秀人才吸引力，改善人力资本配置不平衡不充分的现状至关重要。然而，与发达国家、甚至部分发展中国家相比，中国的人力资本水平还比较低，更为糟糕的是，由于市场化改革不完善等因素，现有的人力资本并没有有效沉淀到实体生产部门，高质量的人力资本集中在投机逐利且高度垄断的非生产部门，具有创新能力的人才资源被极大浪费，以人才资源为代表的创新要素"脱实向虚"倾向已经成为实现全要素生产率驱动的主要短板。在上述背景下，思考如何改善人才配置，进而提升全要素生产率已经成为理论界面临的重要课题，本书就是基于上述背景展开的研究。

目前，现有的文献主要是从政府和企业的角度讨论人才配置对经济增长的影响，对实体部门和非实体部门人才配置的分析只是描述性的，没有展开严谨的经验研究。因此，本书在现有研究基础上尝试进一步推进：在理论方面，垄断租金回报对能力是报酬递增的，因此只要垄断租金大于从事生产创新活动的正常利润，人才配置偏向虚拟部门就会一直持续，直到最后一单位人力资本在实体部门和虚拟部门边际回报无差异；在实证方面，定量分析人才配置对全要素生产率的影响，考虑两种类型的人才配置，一种是以受教育水平衡量的附加在劳动力上的人力资本，另一种是企业家活动，并且前者过度偏向金融业是后者放大全要素生产率损失的前提条件，在此基础上对政府政策进行评估。具体而言，本书回答了如下问题。

问题1，考虑第一种类型的人才配置，中国的人才配置是否已经过度偏向金融业？如果是，当前阶段金融业—制造业间人才配置对制造业全要素生产率产生怎样的影响（正向还是负向，线性还是非线性）？以及这种影响在高技术制造业、先进制造业和传统制造业的差异如何？

问题2，考虑第二种类型的人才配置，企业家活动配置与全要素生产率的关系是什么？由于企业家活动既可能配置到生产创新领域也可能配置到非生产创新领域，对人力资本有一定再配置效应，因此我们重点考察了企业家活动非生产性配置对制造业全要素生产率的负向影响，并且这种负向影响会被放大。

问题3，中央政府制定的《中国制造2025》十大重点领域政策有没有提升制造业全要素生产率？人才配置是否作为中间机制发挥作用？

针对上述三个问题，本书分别开展了扎实的研究工作。

第一个问题，金融业—制造业间人才配置对制造业全要素生产率的影响并不是简单的线性作用，而是非线性影响，且两者呈倒"U"形关系。具体来说，在人力资本存量给定的条件下，如果人才配置处于拐点左侧，人力资本进入金融部门或者生产部门都可以提高制造业全要素生产率，但是边际生产率递减；如果人才配置处于拐点右侧，人力资本配置到金融部门将降低制造业全要素生产率。通过使用历年人口普查和抽样调查提供的劳动力就业信息和受教育水平，用金融业就业人口平均受教育年限与制造业就业人口平均受教育年限之比衡量人才配置，然后将人才配置与企业数据匹配，本书实证发现，中国当前的人才配置过度偏向了金融部门，人力资本偏离最优配置损害了制造业全要素生产率，人才配置结构变化对高技术制造业、先进制造业和传统制造业的影响呈现明显差异，如果能及时扭转人才配置"脱实向虚"倾向将产生显著的生产率增长效应。

第二个问题，企业家活动非生产性配置对全要素生产率造成了显著的负向影响，在进行一系列稳健性检验，并且使用中华老字号企业数量作为历史工具变量回归发现，主要结论仍然稳健。通过分样本分析发现，企业家活动配置的负向影响主要发生在民营企业。更重要的是，作为经济创新转型主要推动力的企业家活动配置会放大全要素生产率损失，但是损失被放大的前提条件是在第一个问题考察的人力资本确实已经过度配置到金融、房地产等虚拟部门。我们借助数值模拟发现，当人力资本已经过度偏向金融、房地产等虚拟行业时，实际全要素生产率只有潜在全要素生产率的 77.06%，生产率损失占比大约 1/4。

第三个问题，《中国制造 2025》十大重点领域政策对企业全要素生产率的影响经历了不显著到逐渐显著为正的变化过程，对经济的带动效应是逐步释放的且仍然存在较大的增长空间。平均而言，重点政策促进企业全要素生产率提高 0.98%，该结果具有一定的显著性，且其生产率效应还可能继续释放。如果能够有效解决制造业人才配置不足的问题，那么政府政策就能产生事半功倍的政策效果。本书建议，政府进一步调整《中国制造 2025》重点领域政策着力点，促进人才配置"脱虚向实"，以高质量人力资本带动制造业全要素生产率提升。

7.2 政 策 含 义

首先，政府应当重视人才配置过度偏向金融业的现象。"有形之手"和

"无形之手"组合，引导聪明大脑进入制造业从事研发创新活动，比如调整政策目标定位。2016 年工信部等三部委制定的《制造业人才发展规划指南》，规划指南的目标是，2020 年中国制造业就业人员平均受教育年限达到 11 年。但事实上，全国 1% 人口抽样调查的数据表明，2015 年制造业就业人员平均受教育年限已经达到 10.03 年，如果考虑中国高等教育明显的普及化趋势，那么 2020 年平均受教育年限达到 11 年的目标定位较低，无法为制造业提供充足的优秀人力资本。

其次，鼓励企业家实业生产。市场活力来自企业家活动，但是当前阶段企业家活动配置到投机领域甚至寻租对制造业企业全要素生产率造成了显著的负向影响。从政策设计的思路来看，关键要做到两点，一是鼓励制造业企业家专注实业生产，二是采取措施，降低金融投机活动甚至寻租的吸引力。

最后，回归金融服务实体经济的本质。实体部门的改革和非实体部门的改革是一盘棋，实体经济的改革必须有其他政策相配合，在推动《中国制造2025》国家战略落实的同时，主动对金融部门等高垄断领域进行市场化改革，减少甚至消除行业垄断租金，开拓实体生产部门的发展空间，让金融业真正回归服务实体经济的本质。

7.3　不足之处

改善实体生产行业和非实体行业间人才配置提高实体经济全要素生产率，这是一个涉及面很广的话题，本书的研究并没有面面俱到，存在如下不足之处。

第一，本书主要是从事后检验的角度讨论人才配置对全要素生产率的影响，这并不意味着影响人才配置过度偏向金融业的事前因素不够重要，仅仅是研究侧重点的不同，只能留待以后的研究进行。

第二，本书的基本发现之一是，人才配置过度偏向金融部门。但是，现在大家都认同中国的金融业发展水平还不足，特别是金融业服务实体经济的能力更是需要进一步提升。那么，过度配置的人力资本和金融业服务能力不强两者不一致的原因是什么，值得做进一步研究。

参 考 文 献

[1] Acemoglu D. Reward structures and the allocation of talent [J]. *European Economic Review*, 1995, 39 (1): 17 –33.

[2] Ackerberg D. A., Caves K., Frazer G. Identification properties of recent production function estimators [J]. *Econometrica*, 2015, 83 (6): 2411 – 2451.

[3] Arcand J. L., Berkes E., Panizza U. Too much finance? [J]. *Journal of Economic Growth*, 2015, 20 (2): 105 –148.

[4] Baumol W. J. Entrepreneurship: Productive, unproductive, and destructive [J]. *Journal of Political Economy*, 1990, 98 (5): 893 –921.

[5] Bertrand M., Duflo E., Mullainathan S. How much should we trust differences-in-differences estimates? [J]. *The Quarterly Journal of Economics*, 2004, 119 (1): 249 –275.

[6] Bollard A., Klenow P. J., Sharma G. India's mysterious manufacturing miracle [J]. *Review of Economic Dynamics*, 2013, 16 (1): 59 –85.

[7] Brandt L., Van Biesebroeck J., Zhang Y. Creative accounting or creative destruction? Firm-level productivity growth in chinese manufacturing [J]. *Journal of Development Economics*, 2012, 97 (2): 339 –351.

[8] Cahuc P., Challe E. Produce or speculate? Asset bubbles, occupational choice, and efficiency [J]. *International Economic Review*, 2012, 53 (4): 1105 –1131.

[9] Dong Z., Wei X., Zhang Y. The allocation of entrepreneurial efforts in a rent-seeking society: Evidence from china [J]. *Journal of Comparative Econom-*

ics, 2016, 44 (2): 353 – 371.

[10] Ebeke C. , Omgba L. D. , Laajaj R. Oil, governance and the (mis) allocation of talent in developing countries [J]. *Journal of Development Economics*, 2015, 114: 126 – 141.

[11] Feng Q. , Wang Z. , Wu G. L. Productivity dynamics of chinese manu-facturing firms [J]. *The Singapore Economic Review*, 2017: 1 – 21.

[12] Foster L. , Haltiwanger J. , Syverson C. Reallocation, firm turnover, and efficiency: Selection on productivity or profitability? [J]. *American Economic Review*, 2008, 98 (1): 394 – 425.

[13] Hnatkovska V. , Lahiri A. , Paul S. Castes and labor mobility [J]. *American Economic Journal: Applied Economics*, 2012, 4 (2): 274 – 307.

[14] Hsieh C – T, Hurst E. , Jones C. I. , et al. The allocation of talent and U. S. Economic growth [J]. *Econometrica*, 2019, 87 (5): 1439 – 1474.

[15] Hsieh C – T, Klenow P. J. Misallocation and manufacturing tfp in china and india [J]. *The Quarterly Journal of Economics*, 2009, 124 (4): 1403 – 1448.

[16] Jones C. I. *Misallocation, economic growth, and input-output economics* [R]. NBER Working Paper, No. 16742, 2011.

[17] Levinsohn J. , Petrin A. Estimating production functions using inputs to control for unobservables [J]. *The Review of Economic Studies*, 2003, 70 (2): 317 – 341.

[18] Murphy K. M. , Shleifer A. , Vishny R. W. The allocation of talent: Implications for growth [J]. *The Quarterly Journal of Economics*, 1991, 106 (2): 503 – 530.

[19] Natkhov T. , Polishchuk L. Quality of institutions and the allocation of talent: Cross-national evidence [J]. *Kyklos*, 2019, 72 (4): 527 – 569.

[20] Nunn N. , Wantchekon L. The slave trade and the origins of mistrust in africa [J]. *American Economic Review*, 2011, 101 (7): 3221 – 3252.

[21] Olley G. S. , Pakes A. The dynamics of productivity in the telecommuni-

cations equipment industry [J]. *Econometrica*, 1996, 64 (6): 1263 – 1297.

[22] Restuccia D., Rogerson R. Policy distortions and aggregate productivity with heterogeneous establishments [J]. *Review of Economic Dynamics*, 2008, 11 (4): 707 – 720.

[23] Restuccia D., Rogerson R. Misallocation and productivity [J]. *Review of Economic Dynamics*, 2013, 16 (1): 1 – 10.

[24] Restuccia D., Rogerson R. The causes and costs of misallocation [J]. *Journal of Economic Perspectives*, 2017, 31 (3): 151 – 174.

[25] Strenze T. Allocation of talent in society and its effect on economic development [J]. *Intelligence*, 2013, 41 (3): 193 – 202.

[26] Syverson C. What determines productivity? [J]. *Journal of Economic Literature*, 2011, 49 (2): 326 – 365.

[27] Van Beveren I. Total factor productivity estimation: A practical review [J]. *Journal of Economic Surveys*, 2012, 26 (1): 98 – 128.

[28] Vollrath D. The efficiency of human capital allocations in developing countries [J]. *Journal of Development Economics*, 2014, 108: 106 – 118.

[29] Wooldridge J. M. On estimating firm-level production functions using proxy variables to control for unobservables [J]. *Economics Letters*, 2009, 104 (3): 112 – 114.

[30] Wu G. L. Capital misallocation in china: Financial frictions or policy distortions? [J]. *Journal of Development Economics*, 2018, 130: 203 – 223.

[31] 白重恩, 张琼. 中国生产率估计及其波动分解 [J]. 世界经济, 2015, (12): 3 – 28.

[32] 蔡昉. 中国经济增长如何转向全要素生产率驱动型 [J]. 中国社会科学, 2013, (1): 56 – 71 + 206.

[33] 蔡昉. 中国改革成功经验的逻辑 [J]. 中国社会科学, 2018, (1): 29 – 44.

[34] 蔡昉, 林毅夫, 张晓山等. 改革开放 40 年与中国经济发展 [J]. 经济学动态, 2018, (8): 4 – 17.

［35］蔡跃洲，付一夫．全要素生产率增长中的技术效应与结构效应——基于中国宏观和产业数据的测算及分解［J］．经济研究，2017，（1）：72－88.

［36］陈斌开，金箫，欧阳涤非．住房价格、资源错配与中国工业企业生产率［J］．世界经济，2015，38（4）：77－98.

［37］陈诗一，陈登科．中国资源配置效率动态演化——纳入能源要素的新视角［J］．中国社会科学，2017，（4）：67－83＋206－207.

［38］陈艳莹，王二龙，程乘．寻租、企业家才能配置和资源诅咒——基于中国省份面板数据的实证研究［J］．财经研究，2012，38（6）：16－26.

［39］陈怡安，许家云．政府—企业间人才配置如何影响收入不平等：事实与证据［J］．劳动经济评论，2019a，12（2）：129－148.

［40］陈怡安，许家云．人才误置与创新——来自中国的经验证据［J］．世界经济文汇，2019b，6（1）：71－87.

［41］程虹，谭琳．企业家活动配置与僵尸企业——基于"中国企业—劳动力匹配调查"（cees）的实证研究［J］．中南财经政法大学学报，2017，（5）：137－147.

［42］程惠芳，陈超．开放经济下知识资本与全要素生产率——国际经验与中国启示［J］．经济研究，2017，52（10）：21－36.

［43］戴静，刘贯春，许传华等．金融部门人力资本配置与实体企业金融资产投资［J］．财贸经济，2020，（4）：35－49.

［44］戴维·兰德斯，乔尔·莫克，威廉·鲍．历史上的企业家精神［M］．北京：中信出版社，2015.

［45］戴翔，刘梦．人才何以成为红利——源于价值链攀升的证据［J］．中国工业经济，2018，（4）：98－116.

［46］杜勇，张欢，陈建英．金融化对实体企业未来主业发展的影响：促进还是抑制［J］．中国工业经济，2017，（12）：113－131.

［47］高帆，汪亚楠．城乡收入差距是如何影响全要素生产率的？［J］．数量经济技术经济研究，2016，33（1）：92－109.

[48] 葛晶. 金融抑制对高学历劳动力错配的影响研究 [D]. 西安：西北大学，2019.

[49] 葛立宇. 要素市场扭曲、人才配置与创新强度 [J]. 经济评论，2018，(5)：31 – 44.

[50] 龚关，胡关亮. 中国制造业资源配置效率与全要素生产率 [J]. 经济研究，2013，(4)：4 – 15 + 29.

[51] 郭家堂，骆品亮. 互联网对中国全要素生产率有促进作用吗？[J]. 管理世界，2016，(10)：34 – 49.

[52] 国务院发展研究中心"发达国家再制造业化战略及对我国的影响"课题组，李伟，刘鹤等. 发达国家再制造业化战略及对我国的影响 [J]. 管理世界，2013，(2)：13 – 17 + 31.

[53] 韩超，张伟广，冯展斌. 环境规制如何"去"资源错配——基于中国首次约束性污染控制的分析 [J]. 中国工业经济，2017，(4)：115 – 134.

[54] 何轩，马骏，朱丽娜等. 腐败对企业家活动配置的扭曲 [J]. 中国工业经济，2016，(12)：106 – 122.

[55] 胡迟. 以创新驱动打造我国制造业高质量成长——基于70年制造业发展回顾与现状的考察 [J]. 经济纵横，2019，(10)：53 – 63.

[56] 胡海峰，窦斌，王爱萍. 企业金融化与生产效率 [J]. 世界经济，2020，43 (1)：70 – 96.

[57] 胡永刚，石崇. 扭曲、企业家精神与中国经济增长 [J]. 经济研究，2016，51 (7)：87 – 101.

[58] 黄群慧. 论新时期中国实体经济的发展 [J]. 中国工业经济，2017，(9)：5 – 24.

[59] 黄群慧，贺俊. 中国制造业的核心能力、功能定位与发展战略——兼评《中国制造2025》[J]. 中国工业经济，2015，(6)：5 – 17.

[60] 黄群慧，贺俊，杨超. 人才争夺劣势状态下二线城市人才政策调整研究 [J]. 产业经济评论，2019，(1)：5 – 16.

[61] 黄先海，金泽成，余林徽. 要素流动与全要素生产率增长：来自

国有部门改革的经验证据［J］. 经济研究，2017，（12）：62 - 75.

　　［62］黄贤环，王瑶. 实体企业资金"脱实向虚"与全要素生产率提升："抑制"还是"促进"［J］. 山西财经大学学报，2019，41（10）：55 - 69.

　　［63］纪雯雯，赖德胜. 人力资本、配置效率及全要素生产率变化［J］. 经济与管理研究，2015，36（6）：45 - 55.

　　［64］纪雯雯，赖德胜. 人力资本配置与中国创新绩效［J］. 经济学动态，2018，（11）：19 - 31.

　　［65］季书涵，朱英明，张鑫. 产业集聚对资源错配的改善效果研究［J］. 中国工业经济，2016，（6）：73 - 90.

　　［66］江飞涛，李晓萍. 改革开放四十年中国产业政策演进与发展——兼论中国产业政策体系的转型［J］. 管理世界，2018，34（10）：73 - 85.

　　［67］江艇，孙鲲鹏，聂辉华. 城市级别、全要素生产率和资源错配［J］. 管理世界，2018，34（3）：38 - 50 + 77 + 183.

　　［68］解维敏. "脱虚向实"与建设创新型国家：践行十九大报告精神［J］. 世界经济，2018，41（8）：3 - 25.

　　［69］赖德胜，纪雯雯. 人力资本配置与创新［J］. 经济学动态，2015，（3）：22 - 30.

　　［70］李飚，孟大虎. 如何实现实体经济与虚拟经济之间的就业平衡［J］. 中国高校社会科学，2019，（2）：59 - 67 + 158.

　　［71］李捷. 民营企业家才能与制造业高新化［J］. 南京财经大学学报，2017，（2）：8 - 16.

　　［72］李金华. 新中国 70 年工业发展脉络、历史贡献及其经验启示［J］. 改革，2019，（4）：5 - 15.

　　［73］李静，刘霞辉，楠玉. 提高企业技术应用效率　加强人力资本建设［J］. 中国社会科学，2019，（6）：63 - 84 + 205.

　　［74］李静，楠玉. 为何中国"人力资本红利"释放受阻？——人力资本错配的视角［J］. 经济体制改革，2017，（2）：31 - 35.

　　［75］李静，楠玉. 人才为何流向公共部门——减速期经济稳增长困境及人力资本错配含义［J］. 财贸经济，2019，40（2）：20 - 33.

［76］李静，楠玉．人力资本错配下的决策：优先创新驱动还是优先产业升级？［J］．经济研究，2019，（8）：152－166．

［77］李静，楠玉，刘霞辉．中国经济稳增长难题：人力资本错配及其解决途径［J］．经济研究，2017，52（3）：18－31．

［78］李静，司深深．人才错配下的消费增长——公共部门人才膨胀何以影响消费支出［J］．当代经济科学，2020，42（1）：49－59．

［79］李蕾蕾，盛丹．地方环境立法与中国制造业的行业资源配置效率优化［J］．中国工业经济，2018，（7）：136－154．

［80］李力行，黄佩媛，马光荣．土地资源错配与中国工业企业生产率差异［J］．管理世界，2016，（8）：86－96．

［81］李世刚．人才配置与经济绩效［D］．北京：北京师范大学，2015．

［82］李世刚，尹恒．寻租导致的人才误配置的社会成本有多大？［J］．经济研究，2014，49（7）：56－66．

［83］李世刚，尹恒．政府—企业间人才配置与经济增长——基于中国地级市数据的经验研究［J］．经济研究，2017，52（4）：78－91．

［84］李晓华，赵耀辉．工资差距与垄断租金［J］．劳动经济研究，2014，2（4）：68－84．

［85］李晓敏．企业家才能配置对中国经济增长的影响［J］．经济与管理研究，2016，37（7）：11－18．

［86］李晓敏．制度质量、企业家才能配置与经济绩效［M］．北京：社会科学文献出版社，2017．

［87］李晓敏，卢现祥．企业家才能、人才配置与经济增长［J］．贵州社会科学，2010，（9）：75－80．

［88］李旭超，罗德明，金祥荣．资源错置与中国企业规模分布特征［J］．中国社会科学，2017，（2）：25－43＋205－206．

［89］李扬．"金融服务实体经济"辨［J］．经济研究，2017，52（6）：4－16．

［90］李增刚．包容性制度与长期经济增长——阿西莫格鲁和罗宾逊的国家兴衰理论评析［J］．经济社会体制比较，2013，（1）：21－30．

［91］李政，刘丰硕．企业家精神提升城市全要素生产率了吗？［J］．经济评论，2020，（1）：131－145．

［92］厉以宁．人才培育和制度创新［J］．经济研究，2017，52（11）：11－12．

［93］林琳．智力流动与经济发展研究综述［J］．经济评论，2009，（2）：147－153＋160．

［94］刘柏惠，寇恩惠，杨龙见．增值税多档税率、资源误置与全要素生产率损失［J］．经济研究，2019，54（5）：113－128．

［95］刘贯春，刘媛媛，闵敏．经济金融化与资本结构动态调整［J］．管理科学学报，2019，22（3）：71－89．

［96］刘世锦，刘培林，何建武．我国未来生产率提升潜力与经济增长前景［J］．管理世界，2015，（3）：1－5．

［97］刘毓芸，戴天仕，徐现祥．汉语方言、市场分割与资源错配［J］．经济学（季刊），2017，16（4）：1583－1600．

［98］刘志彪．理解高质量发展：基本特征、支撑要素与当前重点问题［J］．学术月刊，2018，50（7）：39－45＋59．

［99］柳获，尹恒．企业全要素生产率估计新方法——全要素生产率估计的结构方法及其应用［J］．经济学动态，2015，（7）：136－148．

［100］逯东，池毅．《中国制造2025》与企业转型升级研究［J］．产业经济研究，2019，（5）：77－88．

［101］吕相伟．政策不确定性与企业家活动配置［J］．经济管理，2018，40（3）：22－39．

［102］马茹，张静，王宏伟．科技人才促进中国经济高质量发展了吗？——基于科技人才对全要素生产率增长效应的实证检验［J］．经济与管理研究，2019，40（5）：3－12．

［103］马颖，何清，李静．行业间人力资本错配及其对产出的影响［J］．中国工业经济，2018，（11）：5－23．

［104］马忠新，陶一桃．企业家精神对经济增长的影响［J］．经济学动态，2019，（8）：86－98．

［105］曼库尔·奥尔森著，吕应中等译．国家兴衰探源：经济增长、滞胀与社会僵化［M］．北京：商务印书馆，1999．

［106］聂辉华，贾瑞雪．中国制造业企业生产率与资源误置［J］．世界经济，2011，（7）：27 - 42．

［107］钱雪松，康瑾，唐英伦等．产业政策、资本配置效率与企业全要素生产率——基于中国 2009 年十大产业振兴规划自然实验的经验研究［J］．中国工业经济，2018，（8）：42 - 59．

［108］任曙明，吕镯．融资约束、政府补贴与全要素生产率——来自中国装备制造企业的实证研究［J］．管理世界，2014，（11）：10 - 23 + 187．

［109］邵宜航，步晓宁，张天华．资源配置扭曲与中国工业全要素生产率——基于工业企业数据库再测算［J］．中国工业经济，2013，（12）：39 - 51．

［110］邵宜航，张朝阳，刘雅南等．社会分层结构与创新驱动的经济增长［J］．经济研究，2018，53（5）：42 - 55．

［111］盛明泉，汪顺，商玉萍．金融资产配置与实体企业全要素生产率："产融相长"还是"脱实向虚"［J］．财贸研究，2018，29（10）：87 - 97 + 110．

［112］宋凌云，王贤彬．重点产业政策、资源重置与产业生产率［J］．管理世界，2013，（12）：63 - 77．

［113］孙浦阳，蒋为，张龑．产品替代性与生产率分布——基于中国制造业企业数据的实证［J］．经济研究，2013，（4）：30 - 42．

［114］谭莹，李昕．人才配置、创新与经济增长：理论与实证［J］．财贸研究，2019，（9）：29 - 42．

［115］田友春，卢盛荣，靳来群．方法、数据与全要素生产率测算差异［J］．数量经济技术经济研究，2017，（12）：22 - 40．

［116］佟家栋，谢丹阳，包群等．"逆全球化"与实体经济转型升级笔谈［J］．中国工业经济，2017，（6）：5 - 59．

［117］王兵，王启超．全要素生产率、资源错配与工业智能化战略——基于广东企业的分析［J］．广东社会科学，2019，（5）：17 - 26．

［118］王华．中国 GDP 数据修订与全要素生产率测算：1952 – 2015 ［J］．经济学动态，2018，（8）：39 – 53.

［119］王启超，王兵，彭睿．人才配置与全要素生产率——兼论中国实体经济高质量增长 ［J］．财经研究，2020，46（1）：64 – 78.

［120］魏浩，王宸，毛日昇．国际间人才流动及其影响因素的实证分析 ［J］．管理世界，2012，（1）：33 – 45.

［121］魏后凯，王颂吉．中国"过度去工业化"现象剖析与理论反思 ［J］．中国工业经济，2019，（1）：5 – 22.

［122］文东伟．资源错配、全要素生产率与中国制造业的增长潜力 ［J］．经济学（季刊），2019，18（2）：617 – 638.

［123］吴延兵．R&D 与生产率——基于中国制造业的实证研究 ［J］．经济研究，2006，（11）：60 – 71.

［124］肖忠意，林琳．企业金融化、生命周期与持续性创新——基于行业分类的实证研究 ［J］．财经研究，2019，45（8）：43 – 57.

［125］谢冬水，黄少安．经营式农业变迁与传统中国农业经济停滞——基于人才配置模式的探讨 ［J］．财经研究，2011，37（10）：103 – 112.

［126］谢小平，汤萱，傅元海．高行政层级城市是否更有利于企业生产率的提升 ［J］．世界经济，2017，40（6）：120 – 144.

［127］徐远华．企业家精神、行业异质性与中国工业的全要素生产率 ［J］．南开管理评论，2019，22（5）：13 – 27.

［128］杨汝岱．中国制造业企业全要素生产率研究 ［J］．经济研究，2015，（2）：61 – 74.

［129］杨旭，田艳慧，郝翌等．测算我国技术进步率及其经济增长贡献率的新方法 ［J］．数量经济技术经济研究，2017，（7）：57 – 72.

［130］尹恒，李世刚．资源配置效率改善的空间有多大？——基于中国制造业的结构估计 ［J］．管理世界，2019，35（12）：28 – 44 + 214 – 215.

［131］尹恒，柳荻，李世刚．企业全要素生产率估计方法比较 ［J］．世界经济文汇，2015，（4）：1 – 21.

［132］余泳泽．异质性视角下中国省际全要素生产率再估算：1978 –

2012 [J]. 经济学（季刊），2017，16（3）：1051 – 1072.

[133] 袁礼，欧阳峣. 发展中大国提升全要素生产率的关键 [J]. 中国工业经济，2018，(6)：43 – 61.

[134] 袁晓玲，张江洋，赵志华. 能源、资本与产出三重扭曲对中国制造业全要素生产率的影响 [J]. 陕西师范大学学报（哲学社会科学版），2016，45（1）：126 – 138.

[135] 袁志刚，解栋栋. 中国劳动力错配对 TFP 的影响分析 [J]. 经济研究，2011，46（7）：4 – 17.

[136] 张成思，张步昙. 再论金融与实体经济：经济金融化视角 [J]. 经济学动态，2015，(6)：56 – 66.

[137] 张春鹏，徐璋勇. 市场竞争助推中国经济"脱实向虚"了吗 [J]. 财贸研究，2019，30（4）：1 – 13 + 83.

[138] 张建华，邹凤明. 资源错配对经济增长的影响及其机制研究进展 [J]. 经济学动态，2015，(1)：122 – 136.

[139] 张莉，程可为，赵敬陶. 土地资源配置和经济发展质量——工业用地成本与全要素生产率 [J]. 财贸经济，2019，40（10）：126 – 141.

[140] 张天华，张少华. 偏向性政策、资源配置与国有企业效率 [J]. 经济研究，2016，51（2）：126 – 139.

[141] 张志强. 微观企业全要素生产率测度方法的比较与应用 [J]. 数量经济技术经济研究，2015，(12)：107 – 123.

[142] 赵昌文，朱鸿鸣. 从攫取到共容：金融改革的逻辑 [M]. 北京：中信出版社，2015.

[143] 赵昌文，朱鸿鸣. 如何建立一个创新导向型的经济结构？[J]. 财经问题研究，2017，(3)：3 – 10.

[144] 中国经济增长前沿课题组，张平，刘霞辉等. 中国经济增长的低效率冲击与减速治理 [J]. 经济研究，2014，49（12）：4 – 17 + 32.

[145] 周彬，谢佳松. 虚拟经济的发展抑制了实体经济吗？——来自中国上市公司的微观证据 [J]. 财经研究，2018，44（11）：74 – 89.

[146] 周黎安，赵鹰妍，李力雄. 资源错配与政治周期 [J]. 金融研究，

2013，（3）：15 – 29.

　　［147］朱鸿鸣，赵昌文 ."攫取性"金融体系及其危害——一个基于金融竞合观的分析框架［J］. 经济体制改革，2015，（3）：149 – 154.

　　［148］庄子银 . 创新、企业家活动配置与长期经济增长［J］. 经济研究，2007，（8）：82 – 94.

后 记

在全国经济高质量发展的顶层设计下，我国政府正致力于不断满足人民日益增长的美好生活需要。因此，这对中国实体部门的人力资本提出了更高的要求。本书基于金融和实体的行业视角，发现中国人才在行业间配置不均衡，制造业就业人口平均受教育年限比较低，初中学历的就业人口占比长期超过 50%，受过良好教育的劳动力职业选择金融部门的概率更高。本书建议，优化人才配置，注重提高创新部门职位对优秀人才的吸引力，把实体经济打造成人才汇集高地，以高质量人力资本推动全要素生产率提升。

本书的主体内容来源于我的博士论文。选题的最初灵感来源于我在企业实地调研过程中的观察与思考，有了经济现实作为基础，再进一步结合所掌握的经济学理论和实证识别策略，从学术角度研究中国问题、分析中国规律、讲好中国故事。目前我的研究已经取得阶段性成果，部分学术观点发表在《财经研究》和《中国社会科学报》经济学版。其中，《人才配置与全要素生产率——兼论中国实体经济高质量增长》被《中国社会科学文摘》2020 年第 5 期全文转摘，人大复印报刊资料《国民经济管理》2020 年 07 期全文转载，以及 CNKI 全文翻译出版，目前被引次数 21 次。作为一名哲学社会科学领域研究者，我将始终牢记习近平总书记提出的明确要求，从中国实践中来、到中国实践中去，把论文写在祖国大地上。

本书的出版，很大程度上得益于辽宁大学经济学院孙广生教授主持的国家自然科学基金面上项目"全要素生产率变化的产业动力机制研究：基于生产网络的视角"（批准号：72073056）以及我本人主持的首都经济贸易大学北京市属高校基本科研业务费专项资金（批准号：XRZ2021057）的共同资助。孙广生老师曾经担任过我的本科任课教师，在《产业组织理论》《计量经济学导论》课堂上，老师总能把复杂的问题梳理清楚，为我们指明问题的关键。特别感恩老师对学生的栽培与厚爱。

在此，还要向暨南大学王兵教授、中山大学李世刚副教授表示诚挚的感谢。王兵老师是我的博士生导师，待人热情，对学术研究给予大力支持。读博的三年时光是我人生发生转折的重要时期，正是王老师的鼓励和帮助，使我逐渐明确和坚定了自己事业奋斗的方向。从广州来到北京，在首经贸教学科研已经一年多，我始终以王老师的毕业寄语为座右铭，时刻勉励自己做到团结、奋斗、平常心。同时，我对李世刚老师的科研水平和学术人格表示钦佩，这是一种高山仰止，景行行止，虽不一定能至，心向往之的感觉。2018年10月我把刚刚写好的论文投稿"香樟经济学 Seminar（广州）"，由于是初稿，行文非常粗糙，文章并没有入选论坛。但是，李老师在邮件中回复说仔细读了我的文章，论文具有趣味性及现实意义，并给出了非常详细的意见。正是因为有了王老师的指导、李老师的无私帮助，我的写作才能顺利完成。

我还要感谢首都经济贸易大学经济学院的领导和同事，老师们的支持是推动我前行的不竭动力。感谢经济科学出版社的编辑，正是出版社的高效率工作和辛勤付出，才使得本书能够顺利出版。当然，受作者学识所限，书中难免存在一些不足之处，敬请广大同行和读者批评指正。

王启超

2021 年 7 月于北京